Normalwerte *pocket*

das Vademecum

Autor
Dr. med. Michael Jakob
Internist/Pneumologe
Klinik für Pneumologie
Asklepios Fachkliniken München-Gauting
Robert-Koch-Allee 2
82131 Gauting

Redaktion: Dr. D. Lorenz-Struve, Mitarbeit: Julia Haude
Herstellung: Dipl.-Ing. Verlagsherst. (FH) Jaqueline Heumüller

Wichtiger Hinweis
Der Stand der medizinischen Wissenschaft ist durch Forschung und klinische Erfahrung ständig im Wandel. Autor und Verlag haben größte Mühe darauf verwandt, dass die Angaben in diesem Werk korrekt sind und dem derzeitigen Wissensstand entsprechen. Für die Angaben kann von Autor und Verlag jedoch keine Gewähr übernommen werden. Jeder Benutzer ist dazu aufgefordert, Angaben dieses Werkes gegebenenfalls zu überprüfen und in eigener Verantwortung am Patienten zu handeln.
Geschützte Warennamen (Warenzeichen) werden nicht besonders kenntlich gemacht. Aus dem Fehlen eines solchen Hinweises kann also nicht geschlossen werden, dass es sich um einen freien Handelsnamen handelt.

Die Deutsche Bibliothek verzeichnet diese Publikation in der Deutschen Nationalbibliografie; detaillierte bibliografische Daten sind im Internet über <http://dnb.ddb.de> abrufbar.

Nördliche Münchner Str. 28, 82031 Grünwald
www.media4u.com
5. Auflage Januar 2004
Druck: Kösel GmbH, Wartenseestraße 11, 87435 Kempten
ISBN 3-89862-230-4

Vorwort zur 1. Auflage

Jeder, der im medizinisch-klinischen Bereich tätig ist, stand sicher schon vor der Aufgabe Laborwerte, Funktionsparameter und Messgrößen technischer Geräte beurteilen zu müssen, ohne die Angabe des Normalbereichs zur Hand zu haben. Nachfragen im zuständigen Labor und zeitaufwendiges Nachschlagen in der entsprechenden Literatur waren die Folge. Dieses Problem trifft v.a. den jungen unerfahrenen Kollegen. Aber auch der Erfahrene weiß, dass nur ein kleiner Teil der Messwerte in der klinischen Routine relevant ist und viele Spezialwerte genauso schnell vergessen sind, wie man sie sich eingeprägt hat. Die umsichtige Beurteilung der vielen differenzialdiagnostisch relevanten Messparameter, v.a. in der Inneren Medizin, sollte eigentlich mehr Zeit in Anspruch nehmen, als die mitunter langwierige Suche nach Normalwerten und Normbereichen.
In diesem Sinne soll dieses kleine robuste Büchlein im Brusttaschenformat ein hilfreicher Begleiter im klinischen Alltag sein. Bewusst wurde zugunsten der Handlichkeit auf eine ausführliche Beurteilung der Messwerte verzichtet, dafür wurden aber auch Parameter aufgenommen, die eher selten bestimmt und deshalb um so häufiger gesucht werden. Neben den "klassischen" Laborparametern wurden auch Messgrößen der wichtigsten Funktionstests und technischen Routineuntersuchungen integriert, wie elektrokardiografische, echokardiografische, hämodynamische und Lungenfunktionsparamter.
Ausdrücklich soll darauf hingewiesen werden, dass Normalwerte keine Absolutwerte, sondern von vielen Faktoren abhängig sind, so z.B. von den verwendeten Reagenzien oder eingesetzten Geräten, die v.a. im klinisch-chemischen Bereich zu unterschiedlich definierten Normbereichen führen können. Dieses Vademecum bezieht sich auf die Standardwerke der deutschen und z.T. englischen Literatur. Ein Vergleich mit den Normalwerten des hauseigenen Labors ist dennoch empfehlenswert.
Mit den Fortschritten der Medizin, der Weiterentwicklung von laborchemischen Tests und technischer Diagnostik ist zwangsläufig auch mit einer Zunahme von Messparametern zu rechnen. Ich hoffe, dass dieses Nachschlagewerk mit seiner Fülle an Normalwerten dazu beiträgt, schneller an die notwendige Information zu gelangen und dafür mehr Zeit für den Patienten zu erübrigen.

Dr. med. Michael Jakob München, im Januar 1996

Vorwort zur 5. Auflage

Die Fülle an medizinischen Parametern ist heutzutage unüberschaubar geworden. Nicht nur, dass die Zahl an Tests oder neuen Messgrößen ständig zunimmt. Auch bestehende Werte, insbesondere im laborchemischen Bereich verändern sich, da man inzwischen international Standardbedingungen befolgt, die gewohnte "Normalbereiche" neu festlegen.
Wie auch die früheren Ausgaben, versucht die aktualisierte Auflage dieses "Kitteltaschenbuchs" neben Laborparametern auch Normalwerte u.a. im elektrokardiografischen, echokardiografischen, hämodynamischen, sonografischen und lungenfunktionsnanalytischen Bereich zur Verfügung zu stellen. Gängige Klassifikationen, Normogramme und Ernährungstabellen informieren übersichtlich und runden so das Buch ab.
Ich hoffe, dass das "Normalwerte pocket" wie bisher eine Hilfe und Orientierung im manchmal unübersichtlichen Klinikalltag ist.
Mit dem Wunsch nach kritischer Anregung von Ihrer Seite verbleibe ich herzlichst,

Ihr Dr. Michael Jakob München, im Dezember 2003

Weitere Titel dieser Reihe:
Anamnese und Untersuchung pocket
Arzneimittel pocket 2004
Arzneimittel Therapie pocket 2004
Arzneimittel Wirkungen pocket 2004-2005
Chirurgie fast
Chirurgische Notfälle pocket
Differentialdiagnose pocket
EKG pocket
GK2 Termini pocket
GK3 Termini pocket
Infektionen pocket
Klinische Chemie
Medical Spanish pocket
Notaufnahme Innere Medizin pocket
Psychiatrie fast

Börm Bruckmeier Verlag im Internet:
www.media4u.com

1. Präanalytik

Unter dem Begriff Präanalytik werden die Vorgänge zusammengefasst, die **vor** der eigentlichen laborchemischen Analyse stattfinden. Dabei sind Einfluss- und Störfaktoren bzgl. des Patienten, der Probenentnahme und -behandlung zu beachten und in die Interpretation der Laborwerte miteinzubeziehen. An erster Stelle steht die eindeutige Identifikation einer Probe, so dass stets eine Zuordnung Probe - Patient gewährleistet ist.

1.1. Einflussfaktoren

Patientenbezogene Faktoren	Probenentnahme	Probenaufbewahrung/ Transport
Tageszeit	Probenart	Glykolyse
Körperlage	Antikoagulation	Gerinnung
Psychische und körperliche Belastung	Entnahmetechnik (Stauung, Entnahmedauer, Kanülendurchmesser etc.)	Zentrifugation des Blutes
Geschlecht	Verunreinigungen	Vorbehandlung (Einfrieren, Zusätze etc.)
Alter	Hämolyse/ Lipämie/ Hyperbilirubinämie	Temperatur
Schwangerschaft	Infusionen	Transport und Aufbewahrung
Nahrung (Diäten), Medikamente		
Noxen (z.B. Nikotin, Alkohol)		

1.2. Wichtige Angaben für das Labor

1.2.1. Identifikation der Probe (mit entsprechendem Untersuchungsantrag):

- Datum/Entnahmezeit
- Name, Vorname, Geburtsdatum, Geschlecht des Patienten
- gewünschte Analysen
- evtl. Angaben, ob ambulant/stationär, Kostenträger, Name des Einsenders

1.2.2. Angaben zur Interpretation des Ergebnisses:

- Diagnostische Fragestellung
- Verdachtsdiagnose
- Zusatzinformationen (z.B. Vormedikation, Dauer der Erkrankung, andere Laborparameter)
- bei Sammelurin: Volumen, Sammleperiode, Zusätze/Konservierungsmittel Mikrobiologie: Art der Probe, Art und Ort der Gewinnung, Tag der Erkrankung, Angabe über Dauer und Art einer evtl. Antibiose

1.3. Tageszeitliche Schwankungen

Das Blut wird standardmäßig morgens zwischen **7 und 9 Uhr beim nüchternen Patienten** abgenommen. Einige Laborparameter unterliegen starken tageszeitlichen Schwankungen:

Maximum	Laborparamter	Schwankungsbreite in %
morgens	ACTH	200
	Renin	140
	Noradrenalin	120
	Prolaktin	100
	Aldosteron	80
	Cortisol	50
	Testosteron	50
	Adrenalin	20
	Hämoglobin	20
	Leukozyten	20
	Protein	20
	Thyroxin	20
mittags	Eisen	100
	Eosinophile	30
	Kalium	15
abends	Somatotropin	400
	Kreatinin	100
	Myoglobin	70
	Harnstoff	50
	TSH	50
	Saure Phosphatase	20

1.4. Messwerte mit hoher intraindividueller Schwankung

Laborwerte unterliegen häufig bei derselben Person von einem Tag auf den anderen großen Schwankungen. Diese sind insbesondere von der Nahrungsaufnahme abhängig. Deshalb wird eine **12 - 14stündige Nahrungskarenz und 24stündige Alkoholkarenz** vor Blutentnahme empfohlen. Diäten (z.B. Vegetarismus) können ein erheblich verändertes Normwerteprofil verursachen.

Intraindividuelle Schwankungen innerhalb 24h in %		
Messgröße	**Schwankungsbreite innerhalb 24h**	
	Erhöhung in %	**Erniedrigung in %**
Triglyceride	800	5
Cholinesterase (CHE)	600	0
Harnsäure	500	0
Leukozyten	500	0
Kalium	300	5
Kreatininkinase (CK)	250	80
γ–GT	200	60
GOT	170	70
GPT	170	65
Bilirubin	160	70
Eisen	150	65
α–Amylase	110	65
Glukose	110	55
LDH	100	50
Östrogene	100	50

1.4.1. Medikamentenspiegel

Mit Ausnahme eines akuten Handlungsbedarfes bei Intoxikation/ Überdosierung sollte die **Spiegelbestimmung im steady state-Zustand, d.h. im Talspiegel** vor erneuter Medikamentenverabreichung erfolgen. Wichtig ist, zu wissen, wann ein Medikament nach Einnahme seine maximale Serumkonzentration erreicht (z.B. Amiodaron nach erst 24h, Carbamazepin nach bis zu 18h, Phenobarbital nach bis zu 18h).

1.5. Standardisierte Blutabnahme

⇒ Blutabnahme **zwischen 7 und 9 Uhr morgens** am **nüchternen Patienten** in **gleicher Körperposition** (entweder immer liegend oder immer sitzend) **nach 5 minütiger Ruhephase** des Patienten.

⇒ Stauung anlegen. **Maximale Stauungszeit von 30s** möglichst nicht überschreiten, auf routinemäßiges Öffnen und Schließen der Faust ("Pumpen") bei visuell und palpatorisch erkennbaren Venen verzichten. Auf **noch tastbaren Puls** achten (Staudruck 50-100mmHg).

⇒ Aufsuchen der Entnahmestelle. Bevorzugung in folgender Reihenfolge: **Venen im Ellbeugen-, Unterarm-, Handrückenbereich**. Nur in Ausnahmefällen V. femoralis. Visuelle und palpatorische Begutachtung.

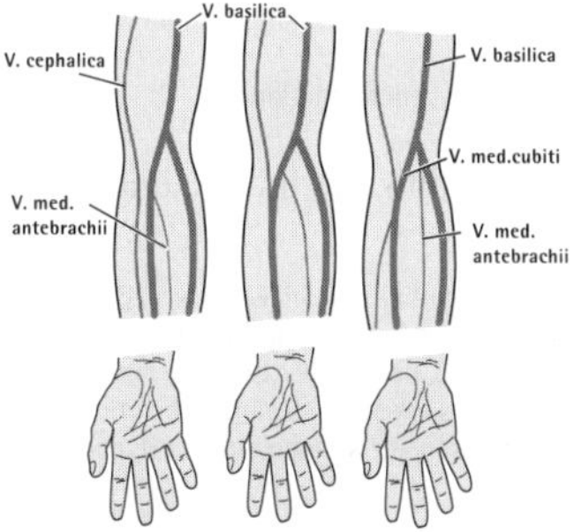

Schema der Varietäten der Armvenen in der Ellbeuge

⇒ Hautdesinfektion (nach Desinfektion mit Spray oder damit getränktem Tupfer ca. 30s warten). **Stich** mit Kanüle **nach Aufmerksammachen des Patienten** in einem Winkel von 30° mit Schliffseite nach oben. **Kanüle mit ausreichend großem Volumen** verwenden. Lösen der Stauung nach erfolgreicher Blutaspiration. Blutröhrchen mit Antikoagulation nach Blutentnahme mehrmals kippen. **Nativröhrchen vor Röhrchen mit Additiven** insb. vor Gerinnungsröhrchen (um Kontamination des ersten Röhrchen mit paravasaler Gewebeflüssigkeit zu vermeiden). Entnahme aus bereits länger liegenden intravenösen Kathetern möglichst vermeiden (Verfälschung der Gerinnungswerte, Verdünnungseffekte).

⇒ Nach Entnahme trockenen Tupfer auflegen, Kanüle rasch zurückziehen und Kompression des Tupfers auf Entnahmestelle möglichst durch den Patienten. **Beugen des Armes vermeiden.**

1.5.1. Fehlerquellen:

-Hämolyse: durch zu lange Stauung, zu schnelle Aspiration, zu kleines Kanülenlumen, fehlende Vermischung mit Antikoagulans, zu starkes Schütteln, zu starkes Abkühlen oder Erwärmen, zu lange Aufbewahrung bis zur Analyse, unvollständige Zentrifugation
-Falsch hohe Werte (insb. Kaliumerhöhungen): durch zu langes "Pumpen", zu lange Stauung (Hämokonzentration mit Erhöhung v.a. von Proteinen, Zellzahlen, Lipiden)
-Gerinnung: durch zu langwierige Venenpunktion

1.6. Beeinflussung durch Hämolyse, Lipämie und Hyperbilirubinämie

Durch Hämolyse, Lipämie und Hyperbilirubinämie werden einige Laborparameter in unterschiedlicher Ausprägung beeinflusst.
Eine nichtartefizielle Hämolyse (z.B. bei hämolytischer Anämie) lässt sich an der Erniedrigung des Haptoglobins erkennen. Lipämien beim nüchternen Patienten sind nur bei ausgeprägten, meist angeborenen Hyperlipoprotein- / tryglyceridämien zu beobachten.

Störfaktor Hämolyse:

- stark beeinflusst: Alk. Phosphatase, Chlorid, CK, γ-GT, Glukose, Kalium, Kreatinin, LDH, Magnesium,
- beeinflusst: ANA, Bilirubin, Cholesterin, Cortisol, Ferritin, Folsäure, Gastrin, Gold, GPT, Haptoglobin, Harnstoff, Insulin, Lipase, Protein, Proteinelektrophorese, Quick, T3, T4, Triglyceride, TSH, Zink

Störfaktor Lipämie:

Alk. Phosphatase, ANA Bilirubin, Cholesterin, CRP, Fibrinogen, Gerinnungsfaktoren, Hämoglobin, Kalium, Protein, Proteinelektrophorese, PTT, Quick, Natrium (Pseudohyponatriämie)

Störfaktor Hyperbilirubinämie:

Cholesterin, CK-MB, Harnsäure, Kreatinin

1.7. Einflüsse durch die Nahrung

Diäten, einseitige Ernährung bzw. Mangelernährung (Fasten) haben Einflüsse auf Laborparameter. Die Kenntnis der Zusammensetzung der Nahrung ist in solchen Fällen notwendig.

Beispiele für Nahrungsmittel mit hohen Konzentration folgender Parameter:

Laborparameter	Hohe Nahrungsmittelkonzentration
Calcium	Milch(-produkte), Broccoli, Endivien, Grünkohl, Mangold, Spinat, Petersilie, Meerrettich, weiße Bohnen, Soja, Nüsse
Eisen	Herz, Leber, Niere, Hülsenfrüchte, Hirse, Vollkornprodukte
Fettsäuren, unges.	Margarine, Speiseöle, Mayonnaise
Fluorid	Schwarzer Tee, Seefisch, Vollkornprodukte
Fruktose	Äpfel, Birnen, Kirschen, Wein
Jodid	Seefisch, Herz, Leber, Niere, Eier
Kalium	Aprikosen, Bananen, schwarze Johannisbeeren, Holunder, Champignons, Fenchel, Kartoffeln, Reis, Knoblauch, Linsen, Mangold, Spinat, Sojabohnen, Petersilie, Meerrettich

Laborparameter	Hohe Nahrungsmittelkonzentration
Magnesium	Trockenfrüchte, Hülsenfrüchte, Vollkornprodukte, Käse, Nüsse
Natrium	Kochsalz, Wurst, Schinken, Käse
Oxalate	Brombeeren, Erdbeeren, Himbeeren, Stachelbeeren, Pflaumen, Rhabarber, grüne Bohnen, rote Rüben, Sellerie, Spinat, Kakao
Phosphat	Fisch, Fleisch, Milch(-produkte), Eier, Vollkornprodukte, Haferflocken, Linsen, Sojabohnen, weiße Bohnen
Purine	Herz, Leber, Nieren, Fleisch, Gans, Meeresfrüchte, Bücklinge, Sprotten, Ölsardine, Räucherlachs, Sardellen
Serotonin	Ananas, Bananen, Melonen, Pflaumen, Johannisbeeren, Stachelbeeren, Tomaten, Avocados, Auberginen, Walnüsse

1.8. Einflüsse durch Medikamente

Labormesswerte, v.a. von Enzymen und deren Metaboliten, können durch Medikamente beeinflusst werden. Entscheidend ist der direkte Einfluss des Medikaments auf die Bestimmungsmethode, auf die Proteinbindung, die Aufnahme und den späteren Metabolismus.
Nachfolgend einige Beispiele für Medikamenteneinflüsse auf Laborparameter:

Laborparameter	Einfluss	durch Medikament
Alk. Phosphatase	⇑	Carbamazepin, Phenytoin, Ciclosporin, Furosemid, Chlorpromazin, Östrogene, Rifampicin, Thiamazol
α-Amylase	⇑	Opiate, Narkotika, Steroide, Phenylbutazon, Thiazide, Furosemid, Heparin (falsch hoch)
AT III	⇑	Phenprocoumon
	⇓	Initialphase Heparintherapie, Kontrazeptiva

Laborparameter	Einfluss	durch Medikament
Bilirubin	⇑	Methyldopa, Indometazin, Phenothiazine, Ciclosporin, Phenytoin, Kontrazeptiva, Tetrazykline, anabole Steroide, Zyto-/Tuberkulostatika
	⇓	Clofibrat, Phenobarbital
BSG	⇑	Dextran
Calcium	⇑	Thiazide, Chlorthalidon, Kationenaustauscher, Lithium, Vit-D, Phenobarbital, Tamoxifen
	⇓	Furosemid, Antiepileptika, Steroide
Cholesterin	⇑	Androgene, Retinoide, Kontrazeptiva, Ascorbinsäure, Furosemid, Phenytoin
	⇓	Cholestyramin, Clofibrat,Nikotinsäurederivate, HMG-CoA-Reduktase-Hemmer, Cortison, Levodopa, nicht resorbierbare Aminoglykoside
Cholinesterase	⇓	Zytostatika, MAO-Hemmer, Chlorpromazin
Coeruloplasmin	⇑	Kontrazeptiva
CK	⇑	Lithium, Clofibrat, HMG-CoA-Reduktase-Hemmer
Eisen	⇑	nach Tranfusionen, Kontrazeptiva
Eosinophile	⇑	Gold-Th., Penicillin
γ-GT	⇑	Östrogene, Kontrazeptiva, anabole Steroide, Testosteron, Phenothiazine, Streptokinase, Cyclophosphamide, Phenobarbital, Phenytoin
	⇓	Clofibrat, Methyldopa
Glukose	⇑	Azetazolamid, Glukokortikoide
	⇓	anabole Steroide, Insulin, orale Antidiabetika

Laborparameter	Einfluss	durch Medikament
GOT	⇑	Carbaminsäurederivate, Östrogene, Kontrazeptiva, anabole Steroide, Testosteron, Cyclophosphamid, Phenothiazine, Streptokinase, HMG-CoA-Reduktase- Hemmer
GPT	⇑	Carbaminsäurederivate, Östrogene, Kontrazeptiva, anabole Steroide, Testosteron, Cyclophosphamid, Phenothiazine, Streptokinase, Azetylsalizylsäure, Clofibrat, Erythromycin, Phenytoin, Valproinsäure, Halothan, Methyldopa, HMG-CoA-Reduktase-Hemmer
Hämoglobin	⇑	Carbamazepin, Furosemid
	⇓	Azetylsalizylsäure, Chinin, Chloramphenicol, Erythromycin, Methyldopa, Phenobarbital
Harnsäure	⇑	Furosemid, Triamteren, Etacrynsäure, Clofibrat, Ciclosporin, Zyto-/Tuberkulostatika, Clofibrat, Diethylstilbestrol
	⇓	Allopurinol, Urikosurika, Azetylsalizylsäure, Phenylbutazon, Levodopa, Methyldopa
Harnstoff	⇑	Aminoglykoside, Clofibrat
Kalium	⇑	Cortison, anabole Steroide, kaliumsparende Diuretika, ACE-Hemmer, Propanolol, Succinylcholin
	⇓	Furosemid, Etacrynsäure, Thiazide, Carbamazepin, Insulin, Laxanzien
Kreatinin	⇑	Aminoglykoside, Clofibrat, Azetylsalizylsäure, NSAR, Ciclosporin, Methyldopa

Laborparameter	Einfluss	durch Medikament
Kupfer	⇑	Kontrazeptiva
Leukozyten	⇑	Erythromycin, Kontrazeptiva, Glukokortikoide (neutrophile Leukozyten)
	⇓	Aminophenazon, Azetylsalizylsäure, Phenylbutazon, Zytostatika, Penicillin, Methyldopa, Glukokortikoide (Lymphozyten)
Magnesium	⇑	Antazida, Laxanzien
	⇓	Diuretika, Cisplatin-Th.
Natrium	⇑	Anabole Steroide, Cortison, Androgene
	⇓	Thiazide, Furosemid, Etacrynsäure, Carbamazepin, Antibiotika
PTT	⇑	Azetylsalizylsäure, Heparin, Phenprocoumon
Retikulozyten	⇑	Methyldopa, Penicillin, Phenacetin
	⇓	Zytostatika, Chloramphenicol
Thromboplastinzeit (Quick)	⇑	Phenprocoumon, Heparin, Azetylsalizylsäure
Thrombozyten	⇑	Glukokortikoide
	⇓	Heparin, Chinin, Aminophenazon, Phenylbutazon, Carbamazepin, Valproinsäure, Phenytoin, Thiazide, Methyldopa, Zytostatika, Antibiotika, Gold-Th.
Thyroxin (T4)	⇑	Östrogene, Kontrazeptiva, jodhaltige Medikamente, Clofibrat, Heparin, Thyroxin

Laborparameter	Einfluss	durch Medikament
	⇓	Lithium, Thyreostatika, anabole Steroide, Androgene, Glukokortikoide
Thyroxin bindendes Globulin (TBG)	⇑	Östrogene, Kontrazeptiva, jodhaltige Medikamente, Thyroxin
	⇓	Lithium, Thyreostatika, anabole Steroide, Androgene, Glukokortikoide
Transferrin	⇑	Kontrazeptiva
Triglyceride	⇑	Kontrazeptiva, Östrogene
	⇓	Cholestyramin, Clofibrat, Nikotinsäurederivate, Cortison, Levodopa, nicht resorbierbare Aminoglykoside, Ascorbinsäure
Trijodthyronin (T3)	⇑	Östrogene, Kontrazeptiva, jodhaltige Medikamente, Thyroxin
	⇓	Lithium, Thyreostatika, anabole Steroide, Androgene, Glukokortikoide, Amiodaron,

1.8.1. Einfluss durch Antikoagulanzien

Der unkorrekte Einsatz von Antikoagulanzienzusätzen bei Laboranalysaten kann zu falschen Laborergebnissen führen:

Antikoagulanzienzusatz	geeignete Laboranalysen	ungeeignete Laboranalysen
EDTA	z.B. Blutbild, Ammoniak, Laktat, HbA1c	Alk. Phosphatase, α–Amylase, α1-Antitrypsin, Calcium,CHE, Coeruloplasmin, CK-MB, Eisen, Eisenbindungskapazität, Harnsäure, Kreatinin, Kupfer, LAP, Lipase, Lipide, Saure Phosphatase
Heparin	z.B. Blutgasanalyse, ALP, Katecholamine im Plasma	Albumine, BSG, CHE, CK-MB, Eisen, γ–GT, LAP, Saure Phosphatase
Fluorid	z.B. Blutzuckeranalyse	Alk. Phosphatase, α–Amylase, Bilirubin, Cholesterin, CHE, CK, CK-MB, γ–GT, Harnsäure, Harnstoff, HDL-Cholesterin, Kreatinin, Kupfer, LAP, LDH, Saure Phosphatase, Triglyceride
Citrat	Gerinnungsanalysen, BSG	Alk. Phosphatase, α–Amylase, α1–Antitrypsin, Bilirubin, Calcium, Cholesterin, CK, CK-MB, Eisen, γ–GT, Glukose, Harnsäure, HDL-Cholesterin, Kreatinin, Kupfer, LAP, Phosphat, Saure Phosphatase, Triglyceride

1.9. Haltbarkeit von Proben

Bei unsachgemäßer Aufbewahrung, zu hoher Umgebungstemperatur oder zu langer Dauer bis zur Verarbeitung des Analysats kann es zu Verfälschungen der Messergebnisse kommen.

Sofort zu verarbeiten, bei:
ACE, Bilirubin, Blutausstrich, Blutsenkung, Calcium, CHE, CK-MB, Fibrinogen, Folsäure, Glukose, HBDH, HLA-B27, Kalium, Laktat, PTT, Quick, Saure Phosphatase, Thrombinzeit, Urinsediment, Zelldifferenzierung, Liquor, Zelldifferenzierung Punktat, Zellzählung Liquor, Zellzählung Urin

Sofortiges Tieffrieren, bei:
ACTH, Calcitonin, C-Peptid, Gesamtkomplement, Insulin, Katecholamine, Osteocalcin, Parathormon (intakt), Renin, Vitamin C

Serum und Plasma können zur Bestimmung von Metaboliten, Enzymen und Elektrolyten in aller Regel *einen Tag lang bei Zimmertemperatur* aufbewahrt werden, zur Bestimmung von Enyzmen und Elektrolyten auch eine *Woche lang bei 4°C* (geringe Schwankungen) und zur Bestimmung von Metaboliten, deren Verarbeitung nicht am selben Tag erfolgen kann, *bei -20°C.*

Bei **EDTA/Citrat-Blut** gilt bei Zimmertemperatur eine Haltbarkeit:
bis 2h für Gerinnungsanalysen (⇒ Aktivitätsminderung)
bis 3h für Blutausstrich (⇒ Leukozytenzerfall)
bis 6h für BSG (⇒ verminderte Senkung)
bis 12h für Thrombozyten- und Erythozytenzahl (⇒ Abnahme)
bis 24h für Leukozyten-/Retikulozytenbestimmung (⇒ Abnahme)
bis 24h für Hämatokrit (⇒ Zunahme)
bis max. 72h für Hämoglobin (⇒ Trübung)

1.10. Präanalytik Urin

- **Spontanurin** für qualitative Untersuchungen
- **Mittelstrahlurin** für mikrobiologische Untersuchungen

⇒ Morgenurin verwenden
⇒ Harnröhrenostium reinigen und Hände waschen
⇒ Erste Urinportion verwerfen, erforderliche Menge des weiteren Urins in Probengefäß sammeln, weiteren Urin verwerfen
⇒ Kühlung der Probe und rasche Verarbeitung

- **24h-Sammelurin** für quantitative Untersuchungen

⇒ Trinkmenge während Sammelperiode 1,5-2l
⇒ Korrektes Sammelgefäß mit evtl. entsprechenden Zusätzen (z.B HCl bei Katecholaminbestimmung) zur Verfügung stellen, ggf. auf Diäten achten
⇒ Vor Sammelperiode ersten Morgenurin verwerfen, nach 24h ersten Morgenurin zu Sammelmenge hinzufügen
⇒ Während des Sammelns Urin kühl und lichtgeschützt lagern
⇒ Desinfektion vor den einzelnen Miktionen
⇒ nach korrekter Sammelzeit genaue Bestimmung der Urinmenge, gewissenhaftes Durchmischen und Entnehmen einer Probe

2. Einheiten, statistische Parameter

2.1. Einheiten

2.1.1. SI-Klassifikation

Das System der internationalen Einheiten (Systeme International d´Unités "SI") sollte standardisierte Maßeinheiten für den internationalen Gebrauch von Messwerten zur Verfügung stellen. Da häufig von diversen Labors noch die "alten" Einheiten (hier als konventionelle Einheiten bezeichnet) verwendet werden, werden im Folgenden, soweit nötig, beide Einheiten angegeben, ggf. mit Umrechnungsfaktor.

2.1.2. SI-Vorsilben

Faktor	SI-Vorsilbe	Abkürzung
10^{1}	deka	de
10^{2}	hekto	h
10^{3}	kilo	k
10^{6}	mega	M
10^{9}	giga	G
10^{12}	tera	T
10^{15}	peta	P
10^{18}	exa	E
10^{-1}	dezi	d
10^{-2}	zenti	c
10^{-3}	milli	m
10^{-6}	mikro	µ
10^{-9}	nano	n
10^{-12}	piko	p
10^{-15}	femto	f
10^{-18}	atto	a

2.1.3. SI-Basiseinheiten

Größe	Symbol	Einheit	Abk.	Umrechnung
Länge	l	Meter	m	1 inch = 0,0254 m 1 foot = 0,3048 m 1 yard = 0,9144 m 1 mile =1609,3 m
Masse	m	Kilogramm	kg	1 pound = 454 g
Stoffmenge	n	Mol	mol	
Temperatur	T	Kelvin	K	0 K = -273,15 °C °F = (°C x 9/5)+ 32 °C = (°F - 32) x 5/9
Zeit	t	Sekunde	s	
Stromstärke	I	Ampere	A	
Lichtstärke	I	Candela	cd	

2.1.4. SI-abgeleitete Einheiten

Größe	Symbol	Einheit	Abk.	Umrechnung
Fläche	A	Quadratmeter	m^2	
Volumen	V	Liter	l	1 l = 10 cm^3 1 gallon = 3,785 l 1 fl.oz. = 29, 57 ml
Katalytische Aktivität	ζ	Katal	kat	1 kat = 60 10^6 U
Geschwindigkeit	V	Meter pro Sekunde	m s^{-1}	
Dichte	ρ	Kilogramm pro Kubikmeter	kg m^{-3}	

Größe	Symbol	Einheit	Abk.	Umrechnung
Kraft	F	Newton	N	$N = m\ kg\ s^{-2}$ 1 dyn = 10^{-5} N 1 pond = 9,8 10^{-3} N
Druck	p	Pascal	Pa	$Pa = N\ m^{-2}$ oder $kg\ m^{-1}s^{-2}$ 1 cmH_2O = 98 Pa 1 mmHg = 133,3 Pa 1 bar = 100 kPa 1 atm = 101,324 kPa 1 dyn/cm^2 = 0,1 Pa 1 cmH_2O =1,36 x mmHg 1 mmHg = 1 Torr
Arbeit	W	Joule	J	J = N m 1 kWh = 3600 kJ
Energie	E	Joule	J	1 kcal = 4,19 10^3 J
Leistung	P	Watt	W	$W = J\ s^{-1}$ 1 PS = 735,5 W
Wärme	Q	Joule	J	1 kcal = 4,19 10^3 J
Massen-konzentration	C	Gramm pro Liter	g/l	1g% = 10g/l oder 1g/dl
Molalität	M	Mol pro Kilogramm	mol/kg	
Molarität	M	Mol pro Liter	mol/l	1 M = mol/l
Viskosität	η	Pascalsek.	Pa s	1 Pa s = $N\ s\ m^{-2}$
Frequenz	ν	Hertz	Hz	1 Hz = s^{-1}
Halbwertszeit	$T_{1/2}$	Sekunde	s	
Widerstand	R	Ohm	Ω	R = U/I
Spannung	U	Volt	V	

Größe	Symbol	Einheit	Abk.	Umrechnung
Lichtstrom	Φ	Lumen	lm	
Beleuchtungs-stärke	*E*	Lux	lx	lux = lm/m^{-2}
Leuchtdichte	*L*	Candela pro Quadratmeter	cd/m^2	cd/m^2 = Stilb
Aktivität	*A*	Becquerel	Bc	1 Ci (Curie) = 3,7 10^{10} Bc
Ionendosis	*I*	Coulomb pro Kilogramm	C/kg	1 R (Röntgen) = 2,58 10^{-4} C/kg
Energiedosis	D	Gray	Gy	1 Gy = 1 J/kg 1 rd (Rad) = 10^{-2} Gy
Äquivalentdosis	*D*	Sievert	Sv	1 Sv = 1 J/kg 1 rem (Rem) = 10^{-2} Sv

2.2. Statistische Parameter

2.2.1. Allgemeines

Bei medizinischen Messwerten ergeben sich durch Bestimmung der Parameter bei einem möglichst großen Kollektiv Gesunder sog. Normalbereiche, auch Standard- oder Referenzbereiche genannt. Aufgrund biologischer Variabilität und Messfehler kommt es zu einer Streuung der Werte um einen Mittelwert, charakterisiert durch die Gaußsche Verteilungskurve. Für den klinischen Gebrauch hat es sich etabliert, dass dann von Normalwerten auszugehen ist, wenn die Messwerte in einen Bereich von 2 Standardabweichungen vom Mittelwert der gesunden Normalbevölkerung fallen. Es ergibt sich damit als Referenzbereich ein 95%-Streubereich, d.h. in diesem Referenzbereich befinden sich 95% der Messergebnisse eines bestimmten Parameters des gesunden Kollektivs, je 2,5% der Ergebnisse von Gesunden liegen darunter oder darüber.
Während zufällige Fehler (engl. error) sich durch statistische Verfahren abschätzen lassen, können systematische Fehler (engl. bias) nur sehr schwer

statistisch eruiert werden. Sachverstand bei der Messvorbereitung und Plausibilitätskontrollen sind hier vordringlich. Zufällige Fehler entstehen z.B. durch ungenaues Pipettieren, systematische Fehler z.B. bei falscher Eichung, falschen Geräten und Materialien. Eine genaue Dokumentation der Methode, Materialien, der Probengewinnung, -lagerung und -verarbeitung muss beachtet werden.
Gewisse Faktoren beeinflussen Messergebnisse und damit auch Normalbereiche und können Normalwerte vortäuschen. Zu diesen Faktoren, die in die Beurteilung miteinbezogen werden müssen zählen: Alter, Geschlecht, Rasse, Region, Körperlage, Tagesschwankungen und andere zyklische Veränderungen, Nüchternheit, Diäten, körperlicher Trainingszustand, Medikamente usw.(s. Kap. 1).

2.2.2. Parameter

Standardabweichung $s = \sqrt{\Sigma(x_i - x_m)^2/(n-1)}$

Variationskoeffizient (%) $VK = \frac{s}{x_m} x 100$

x_i = Einzelmesswert
x_m = Mittelwert
n = Anzahl der Messwerte

Präzision Ein Analysenergebnis muss bei wiederholten Messungen unter gleichen Bedingungen innerhalb gewisser Grenzen übereinstimmen. **Zufällige Fehler** schränken die Präzision ein. Maß für die Präzision ist die Standardabweichung und der Variationskoeffizient.

Reliabilität Reproduzierbarkeit bei Messwiederholung (entspricht weitgehend dem Begriff Präzision; Langzeit-Reliabilität bedeutet Reproduzierbarkeit über einen längeren Zeitraum)

Richtigkeit
Ein Analysenergebnis muss innerhalb enger Grenzen mit dem wahren Wert übereinstimmen. Die Richtigkeit wird durch **systematische Fehler** eingeschränkt

Objektivität
Unabhängigkeit der Ergebnisse vom Beobachter

Validität
Richtigkeit, dass auch das gemessen wird, was gemessen werden soll.

		Wirklichkeit (wahrer Wert)	
		positiv (krank)	negativ (gesund)
Testergebnis (Diagnose)	positiv (krank)	richtig positiv A	falsch positiv Fehler 1. Art B
	negativ (gesund)	falsch negativ Fehler 2. Art C	richtig negativ D

Sensitivität
A / (A + C), d.h. die Wahrscheinlichkeit, mit der z.B. ein Kranker als krank erkannt wird

Spezifität
D / (D + B), d.h. die Wahrscheinlichkeit, mit der z.B. ein Gesunder als gesund erkannt wird

positiver Vorhersagewert
A / (A + B), d.h. die Wahrscheinlichkeit, mit der ein Testergebnis richtig ist (positiver Fall)

negativer Vorhersagewert
D / (D + C), d.h. die Wahrscheinlichkeit, mit der ein Testergebnis richtig ist (negativer Fall)

Prävalenz
(A + C) / (A + B + C + D): Anteil der z. B. Erkrankten am Gesamtkollektiv

Fehler 1. Art
z.B. ein Gesunder wird als krank eingestuft oder ein Normalwert wird als pathologisch gemessen

Fehler 2. Art	z.B. ein Kranker wird als gesund eingestuft oder ein pathologischer Wert wird als normal gemessen
Inzidenz (Neuerkrankungs-rate)	Anzahl der Neuerkrankungen in einem gewissen Zeitintervall im Verhältnis zur Gesamtzahl der Bevölkerung
Prävalenz (Krankenstand)	Anzahl der am Stichtag Erkrankten im Verhältnis zur Gesamtzahl der Bevölkerung
Morbidität	Häufigkeit einer bestimmten Erkrankung, als unpräziser Begriff häufig als Synonym entweder von Inzidenz oder Prävalenz verwendet
Letalität	Zahl der an einer bestimmten Krankheit Verstorbenen im Verhältnis zur Anzahl der daran Erkrankten
Mortalität	Zahl der Verstorbenen im Verhältnis zur Gesamtzahl der Bevölkerung
Geburtenziffer	Zahl der Geburten im Verhältnis zur Gesamtzahl der Bevölkerung
Pearl-Index	Anzahl der Schwangerschaften bezogen auf 100 Frauen pro Jahr (1200 Risikozyklen)
Relatives Risiko	Risiko, an einer Krankheit mit Risikofaktor zu erkranken im Verhältnis zum Risiko, ohne Risikofaktor an der gleichen Krankheit zu erkranken
Zuschreibbares Risiko	Differenz zwischen Risiko von Exponierten und Nicht-Exponierten, dieselbe Krankheit zu bekommen.

3. Klinische Chemie

3.1. Abkürzungen (Substrate = S.)

aB	arterielles (Voll-)Blut
vB	venöses (Voll-)Blut
cB	Kapillarblut
BA	Blutausstrich
zB	Zitratblut
P	Plasma
S	Serum
L	Liquor
MS	Magensaft
U	Urin
St	Stuhl

3.2. Klinisch-chemische Werte

Messgröße	S.	Messwert (konv.)	Messwert (SI-Einh.)	Umr.-F.
ACE		s. Angiotensin-I-Converting-enzym		
Acetoacetat	P	< 1,0 mg/dl	< 100 µmol/ml	97,95
Aceton	S, P	< 2,0 mg/dl	< 344 µmol/ml	172
Acetylcholin-Rezeptor-Antikörper	S	< 0,4 nmol/l		
Adenosin-Monophosphat, zyklisch (cAMP)	P	5,0 - 28 nmol/l		

Messgröße	S.	Messwert (konv.)	Messwert (SI-Einh.)	Umr.-F.
Alanin-Amino-Transferase (Glutamat-Pyruvat-Transaminase, GPT)	S, P	nach IFCC, 37°C **M:** 10 - 50U/l **F:** 10 - 35 U/l < **1Mo:** 1 - 25 U/l < **1J:** < 4 - 35 U/l < **16J:** 5 - 30 U/l nach DGKC, 25° **M:** < 23 U/l **F:** < 19 U/l < **1Mo:** 4 - 32 U/l < **1J:** 6 - 36 U/l < **16J:** 5 - 21 U/l	 0,17 - 0,83 µkat/l 0,17 - 0,58 µkat/l < **1Mo:** < 0,4 µkat/l < **1J:** 0,07 - 0,58 µkat/l < **16J:** 0,08 - 0,5 µkat/l **M:** < 0,38 µkat/l **F:** <0,32 µkat/l 0,07 - 0,53 µkat/l 0,1 - 0,6 µkat/l 0,08 - 0,35 µkat/l	0,0167
Albumin	S	3,5 - 5,2 g/dl	33 - 55 g/l	10
Aldolase	S	2 - 6 U/l < **1J:** 4 - 12,4 U/l	33 - 100 nkat/l 67 - 200 nkat/l	16,67
α_1-Antitrypsin	S	90 - 180 mg/dl	0,9 - 1,8 g/l	0,01
α-Fetoprotein (AFP)	S	< 7 IU/ml **Ngb.:** < 100000 IU/ml **Schwangere je nach SSW:** < 350 IU/ml	< 10 µg/l < 140000 µg/l < 500 µg/l	1,43
α_1-Glykoprotein	S	55 - 140 mg/dl		
α_2-Makroglobulin	S	1,3 - 2,9 g/l		
Aluminium	S	< 30 µg/l toxisch: > 100µg/l		

Messgröße	S.	Messwert (konv.)	Messwert (SI-Einh.)	Umr.-F.
Ammoniak	P vB	**M:** 27 - 90 µg/dl **Frühgeborene:** bis 211 µg/dl **Ngb.:** 45 - 109 µg/dl **1 - 6 Mo:** 22 - 94 µg/dl	16 - 53 µmol/l bis 124 µmol/l 26 - 64 µmol/l 13 - 55 µmol/l	0,587
Amylase	S	60 - 180 U/l	0,8 - 3,2 mkat/l	0,01667
Gesamtamylase	vB	**M:** 102 - 358 U/l **F:** 150 - 468 U/l	(**Cave**: unterschiedliche Bestimmungs-methoden mit unterschiedlichen Normbereichen)	
Pankreasamylase	vB	**M:** 19 - 161 U/l **F:** 55 - 219 U/l		
Speichelamylase	vB	**M:** 38 - 257 U/l **F:** 44 - 235 U/l		
Pankreas/Speichel Ratio	vB	**M:** 0,11 - 2,5 **F:** 0,24 - 3,5		
Angiotensin-I-Converting-Enzym (ACE)	S	8 - 52 U/l	0,13 - 0,87 µkat/l	0,0163
Anionen	S	155 mmol/l		
Anionenlücke	S	7 - 16 mmol/l		
Anti-Hyaluronidase-Titer	S	< 300 U/ml		

Messgröße	S.	Messwert (konv.)	Messwert (SI-Einh.)	Umr.-F.
Anti-mitochondriale Antikörper (AMA)	S	negativ: Titer < 1:20 positiv: Titer > 1:20		
Anti-nukleäre Antikörper (ANA)	S	negativ: Titer ≦ 1:20 grenzwertig: Titer 1:40 - 1:80 positiv: Titer ≧ 1:160		
Anti-Staphylolysin-titer	S	0,2 - 2,0 IU/ml		
Antistreptodornase-titer	S	< 200 IU/ml		
Anti-Streptokokken-Desoxyribonuklease-B-Titer	S	< 250 IU/ml		
Anti-Streptolysin-O-Titer	S	< 200 IU/ml		
Apolipoprotein, A-I Apolipoprotein, B	S	> 95 mg/dl < 91 mg/dl		
Ascorbinsäure (Vit C)	S vB	0,4 - 1,0 mg/dl 0,7 - 2,0 mg/dl	23 - 57 µmol/l 40 - 114 µmol/l	56,78

Messgröße	S.	Messwert (konv.)	Messwert (SI-Einh.)	Umr.-F.
Aspartat-Amino-Transferase (Glutamat-Oxalazetat-Transaminase, GOT)	S	nach IFCC, 37°C **M:** 10 - 50 U/l **F:** 10 - 35 U/l < **3J:** 10 - 50 U/l < **18J:** 10 - 35 U/l nach DGKC, 25°C **M:** < 19 U/l **F:** < 15 U/l < **1Mo:** 6 - 38 U/l < **1J:** 7 - 27 U/l < **16J:** 5 - 22 U/l	 0,17 - 0,83 µkat/l 0,17 - 0,58 µkat/l 0,17 - 0,83 µkat/l 0,17 - 0,58 µkat/l **M:** < 0,32 µkat/l **F:** < 0,25 µkat/l 0,1 - 0,63 µkat/l 0,12 - 0,45 µkat/l 0,08 - 0,37 µkat/l	
Basen (total)	S	145 - 155 mval/l	145 - 155 mmol/l	1
Basenabweichung (base excess, BE)	aB	-2,0 - +3,0 mval/l	-2,0 - +3,0 mmol/l	1
β-Carotin	S	0,47 - 4,1 mg/l	0,89 - 7,8 µmol/l	1,9
β-Hydroxy-butters.	P	0,21 - 2,81 mg/dl	0,02 - 0,27 mmol/l	0,096
β_2-Mikroglobulin	S	0,8 - 3,0 mg/l		

Messgröße	S.	Messwert (konv.)	Messwert (SI-Einh.)	Umr.-F.
Bikarbonat, aktuelles	aB	21 - 26 mval/l	20 - 26 mmol/l	1
Bikarbonat, Standard-		21 - 26 mval/l	21 - 26 mmol/l	
Bilirubin, gesamt	S	Erw.: 0,1 - 1,2 mg/dl Ngb.: 24h: < 8,7 mg/dl 24 - 48h: < 11,3 mg/dl bis 5. Tag: < 12,7 mg/dl	 2 - 21 µmol/l < 150 µmol/l < 193 µmol/l < 217 µmol/l	 17,10
Bilirubin, direktes	S	0,1 - 0,3 mg/dl	1,7 - 5,1 µmol/l	17,10
Bilirubin, indirektes	S	0,2 - 0,7 mg/dl	3,4 - 12 µmol/l	17,10
Blei	vB	5 - 27 µg/dl	0,24 - 1,3 µmol/l	0,04826
Blutgase, arteriell	aB			
pCO_2	aB	35 - 46 mmHg	4,7 - 6,1 kPa	0,13333
pO_2	aB	71 - 104 mmHg	9,5 - 13,9 kPa	0,13333
pH	aB	7,37 - 7,45		
aktuelles Bikarbonat	aB	21 - 26 mval/l	21 - 26 mmol/l	1
Standardbikarbonat	aB	21 - 26 mval/l	21 - 26 mmol/l	1
BE	aB	-2,0 - +3,0 mval/l	-2,0 - +3,0 mmol/l	1
O_2-Sättigung	aB	> 95%		
O_2-Gehalt ($C_{a,\ O2}$)	aB	19 - 21 ml/dl	8,43 - 9,43 mmol/l	0,44
CO_2-Gehalt ($C_{a,\ CO2}$)	aB	49 - 54 ml/dl	22 - 24 mmol/l	0,44
Blutgase, pCO_2 (Kinder und Ngb.)	aB	A. umbilicalis: 35 - 80 mmHg V. umbilicalis: 30 - 57 mmHg Ngb. 1. Tag: 29 - 61 mmHg	 4,7 - 10,7 kPa 4,0 - 7,6 kPa 4,0 - 8,0 kPa	0,13333

Messgröße	S.	Messwert (konv.)	Messwert (SI-Einh.)	Umr.-F.
Blutgase, pO_2 (Kinder und Ngb.)		A. umbilicalis: 0 - 22 mmHg V. umbilicalis: 16 - 35 mmHg Ngb. 1. Tag: 70 - 85 mmHg	 0 - 2,9 kPa 2,2 - 4,7 kPa 9,3 - 11,4 kPa	0,13333
Blutgase, pH (Kinder und Ngb.)		A. umbilicalis: 7,09 - 7,40 V. umbilicalis: 7,15 - 7, 45 Ngb. 1. Tag: 7,20 - 7,41		
Standardbikarbonat (Kinder und Ngb.)		V. umbilicalis: 11,8 - 21,4 mval/l Ngb. 1. Tag: 18,6 - 22,6 mval/l	 11,8 - 21, 4 mmol/l 18,6 - 22,6 mmol/l	1
Blutgase, venös				
pCO_2 (gem. venös)		37 - 50 mmHg	4,9 - 6,7 kPa	0,13333
pO_2 (gem. venös)		36 - 44 mmHg	4,8 - 5,9 kPa	0,13333
pH		7,26 - 7,46		
aktuell. Bikarbonat		22 - 28 mval/l	22 - 28 mmol/l	1
Standardbikarbonat		19 - 24 mval/l	19 - 24 mmol/l	1
BE		-2 - 5mval/l	-2 - 5 mmol/l	1
O_2-Sättigung (gem. venös)		70 - 80%		
Brain Natriuretic Peptide (BNP)	P		1,5 - 9 pmol/l	

Messgröße	S.	Messwert (konv.)	Messwert (SI-Einh.)	Umr.-F.
Brucella-Antikörper	S	< 1:50		
Calciferol (Vit D_3) 25(OH)D (Calcifediol) 1,25$(OH)_2$D (Calcitriol)	P	 20 - 122 ng/ml 30 - 80 ng/ml	Sommer: 50 - 300 nmol/l Winter: 25 - 125 nmol/l 74 - 197 pmol/l	 2,469 2,469
Calcium, ionisiert **Calcium, gesamt**	S	2,3 - 2,7 mval/l 4,4 - 5,3 mval/l	1,15 - 1,35 mmol/l 2,20 - 2,65 mmol/l	0,5 0,5
Candida-Antikörper	S	< 1: 80 ELISA IgG < 100 U/ml ELISA IgM < 80 U/ml		
Carbohydrate Deficient Transferrin (CDT)	S	"cut off" **M:** < 20U/l **F:** < 26U/l		
Carotinoide	S	50 - 300 µg/dl	0,9 - 5,6 µmol/l	0,0186
Chlorid	S	95 - 105 mval/l	95 - 105 mmol/l	1
Cholesterin, gesamt	S	**geringes Risiko für KHK:** < 200 mg/dl **2-faches Risiko:** 220 mg/dl **3-faches Risiko:** > 260 mg/dl	 < 5,2 mmol/l 5,7 mmol/l 6,7 mmol/l	 0,0259
Cholesterin, frakt.				

Messgröße	S.	Messwert (konv.)	Messwert (SI-Einh.)	Umr.-F.
LDL-Cholesterin		**geringes Risiko für KHK:** < 130 mg/dl **mäßiges Risiko:** 130-160 mg/dl **hohes Risiko:** > 160 mg/dl Sekundärprävention bei KHK: < 100 mg/dl	 < 3,4 mmol/l 3,4 - 4,1 mmol/l > 4,1 mmol/l < 2,6 mmol/l	0,0259
HDL-Cholesterin		**geringes Risiko für KHK:** > 55 mg/dl **frgl. Risiko:** 55-35 mg/dl **hohes Risiko:** < 35 mg/dl	 > 1,42 mmol/l 1,4 - 0,9 mmol/l < 0,9 mmol/l	0,0259
LDL/HDL Quotient		**kein Risiko:** < 3 **erhöhtes Risiko:** > 4 **KHK Sekundär-prävention:** < 2,5		
Cholinesterase	S	3,5 - 8,5 kU/l		
Chrom	S	0,5 µg/l	< 2,4 nmol/l	4,893
Citrat	S	1,7 - 3,0 mg/dl	88 - 156 µmol/l	52
Cobalt	S vB	< 0,5 µg/l 0,5 - 3,9 µg/l	< 8,5 nmol/l 8,5 - 66,1 nmol/l	16,968

Messgröße	S.	Messwert (konv.)	Messwert (SI-Einh.)	Umr.-F.
Coeruloplasmin	S	20 - 60 mg/dl	0,2 - 0,6 g/l	0,01
Complement	S			
gesamthämolyt. Compl. (CH50)		19,5 - 60,0 U/ml		
C1q		13 - 32 mg/dl		
C1r		2,5 - 3,8 mg/dl		
C1s		2,5 - 3,8 mg/dl		
C2		2,2 - 3,4 mg/dl		
C3		55 - 120 mg/dl	0,55 - 1,20 g/l	0,01
C4		20 - 50 mg/dl	0,2 - 0,5 g/l	0,01
C5		5,1 - 7,7 mg/dl		
C6		4,8 - 6,4 mg/dl		
C7		4,9 - 7,0 mg/dl		
C8		4,3 - 6,3 mg/dl		
C9		4,7 - 6,9 mg/dl		
C1-Esterase-Inhibit.		16 - 33 mg/dl		
CO_2-Gehalt	aB	49 - 54 ml/dl	22 - 24 mmol/l	0,44
CO_2-Partialdruck	aB	35 - 46 mmHg	4,7 - 6,1 kPa	0,13333
C-Reaktives Protein (CRP)	S	0,068 - 8,2 mg/l **Ngb.:** ≦ 0,6 mg/l **Säugl.:** ≦ 1,6 mg/l		
Creatin	S	0,1 - 0,7 mg/dl	7,6 - 53 µmol/l	76,3

Messgröße	S.	Messwert (konv.)	Messwert (SI-Einh.)	Umr.-F.
Kreatinin	S, P	**M:** 0,84 - 1,25 mg/dl (evtl. Anstieg bis 1,44 mg/dl im Alter)	74 - 110 µmol/l	88,4
		F: 0,66 - 1,09 mg/dl	58 - 96 µmol/l	
		< 1J: 0,4 - 1,2 mg/dl	35 - 106 µmol/l	
		1 - 6J: 0,4 - 0,8 mg/dl	35 - 71 µmol/l	
		7 - 14J: 0,6 - 1,2 mg/dl	53 - 106 µmol/l	
		15 - 18J: 0,8 - 1,2 mg/dl	71 - 106 µmol/l	
Creatin-(Phospho)-Kinase (CK)	S	**M:** 10 - 80 U/l	0,17 - 1,33 µkat/l	0,0167
		F: 10 - 70 U/l	0,17 - 1,16 µkat/l	
		Ngb.: 192 - 494 U/l	3,20 - 8,23 µkat/l	
		< 6 Mo: 17 - 136 U/l	0,28 - 2,27 µkat/l	
Isoenzyme:				
CK-BB (Gehirn)		< 2 U/l		
CK-MB (Myokard)		< 5 U/l (3 - 6% der Gesamt-CK) V.a. Myokardinfarkt: > 6% der Gesamt-CK		
CK-MM (Skelettmuskel)		97 - 100%		
Cryofibrinogen	vB	< 60 mg/l		
Cryoglobuline	vB	< 80 mg/l oder < 1% der Immunglobuline		
Cystatin C	S	Immunturbidimetrie 0,5 - 1,2 mg/l		
δ-Aminolävulinsäure	S	15 - 23 µg/dl	1,1 - 1,7 µmol/l	0,073
DNS-Doppelstrang-Antikörper (ds-DNS-AK)	S	< 5 mg/l		

Messgröße	S.	Messwert (konv.)	Messwert (SI-Einh.)	Umr.-F.
DNS-Einzelstrang-Antikörper (ss-DNS-AK)	S	0 - 20% Bindung		
Eisen	S	M: 35 - 168 mg/dl F: 23 - 165 mg/dl	6,3 - 30,1 µmol/l 4,1 - 29,5 µmol/l	0,1791
Eisen (Kinder)	S	Kinder: 2 Wo.: 63 - 201 mg/dl 6 Mo.: 28 - 135 mg/dl 12 Mo.: 35 - 155 mg/dl 2-12J.: 22 - 135 mg/dl	 11 - 36 µmol/l 5 - 24 µmol/l 6 - 28 µmol/l 4 - 24 µmol/l	
Eisenbindungs-kapazität, total	S	250 - 370 µg/dl	45 - 66 µmol/l	0,1791
Eiweiß, gesamt	S	6,6 - 8,3 g/dl < 1Mo.: 4,1 - 6,3 g/dl 1-12 Mo.: 4,4 - 7,9 g/dl	66 - 83 g/l	10
Eiweißfraktionen	S			
Albumin		3,5 - 5,2 g/dl (50 - 60%)		
Globuline, gesamt		2,0 - 3,0 g/dl (40 - 50%)		
α_1-Globuline		0,2 - 0,4 g/dl (4,2 - 7,2%)		
α_2-Globuline		0,5 - 0,9 g/dl (6,8 - 12%)		
β-Globuline		0,6 - 1,1 g/dl (9,3 - 15%)		
γ-Globuline		0,7 - 1,7 g/dl (13 - 23%)		
Elastase	P	60 - 110 ng/ml		
Elektrophorese	S	s. Eiweißfraktionen		

Messgröße	S.	Messwert (konv.)	Messwert (SI-Einh.)	Umr.-F.
Ferritin	S, P	**M 20 - 64J:** 34 - 310 µg/l **M 65 - 87J:** 4 - 665 µg/l **F 20 - 64J:** 22 - 112 µg/l **F 65 - 90J:** 13 - 651 µg/l		
Ferritin (Kinder)		Nabelschnurblut: 30 - 276 µg/l < **1 Mo:** 90 - 628 µg/l **1 - 3 Mo:** 144 - 430 µg/l **4 - 6 Mo:** 19 - 223 µg/l **0,5 - 15J:** 7 - 142 µg/l		
Fettsäuren, gesamt Fettsäuren, freie	S	190 - 420 mg/dl < 18 mg/dl	7,0 - 15,5 mmol/l < 0,67 mmol/l	0,037
Fluorid	vB	< 0,05 mg/dl	0,027 mmol/l	0,53
Folsäure	P	1,8 - 9,0 µg/l **0 - 1J: 6,3 - 22,4 µg/l** **2 - 3J: 1,7 - 15,7 µg/l** **4 - 9J: 0,5 - 14,0 µg/l** **10 - 18J: 1,0 - 10,8 µg/l**	4,0 - 20 nmol/l **14,3 - 51,5 nmol/l** **3,9 - 35,6 nmol/l** **1,1 - 31,9 nmol/l** **2,3 - 24,5 nmol/l**	2,27
Fruktosamin	S		205 - 285 µmol/l **< 1J.: 92 - 292 µmol/l** **2-3J.: 69 - 345 µmol/l** **4-6J.: 102 - 285 µmol/l**	
Fruktose	S	1 - 6 mg/dl	55,5 - 333 µmol/l	55,5
Galaktose	vB	**Erw.:** 0 **Kinder:** < 20 mg/dl	< 1,1 mmol/l	0,055
Gallensäuren	S	< 2 - 8 µmol/l		

Messgröße	S.	Messwert (konv.)	Messwert (SI-Einh.)	Umr.-F.
γ-Glutamyl-Transferase (γ-GT)	S	nach IFCC, 37°C **M:** 12 - 64 U/l **F:** 9 - 36 U/l **< 1 Mo:** < 132 U/l **1-12 Mo:** < 39 U/l **1 - 12J:** 3 - 22 U/l **13 - 18J:** 2 - 42 U/l nach DGKC, 37°C **M:** 9 - 40 U/l **F:** 9 - 35 U/l nach Szaz und Persijn, 25°C **M:** 6 - 28 U/l **F:** 4 - 18 U/l **Ngb.:** < 133 U/l **1J:** < 83 U/l		
Globuline (gesamt)	S	2,0 - 3,0 g/dl (40 - 50%)		
Glukose, nüchtern	 P, cB vB P, cB	Nabelschnurblut: 63 - 158 mg/dl Ngb.: 34 - 99 mg/dl Sgl. < 1 Wo: 48-79 mg/dl 1 - 6J: 74 - 127 mg/dl Erw.: 60-109 mg/dl 60 - 100 mg/dl gestörte Glukosetoleranz: 110 - 125 mg/dl Diab.: ≧ 126 mg/dl	 3,5 - 8,8 mmol/l 1,9 - 5,5 mmol/l 2,7 - 4,4 mmol/l 4,1 - 7,0 mmol/l 3,3 - 5,9 mmol/l 3,3 - 5,6 mmol/l 6,1 - 6,9 mmol/l ≧ 7,0 mmol/l	0,0555

Messgröße	S.	Messwert (konv.)	Messwert (SI-Einh.)	Umr.-F.
2h-Wert nach oGTT (75g Gluk.)	P, cB	< 140 mg/dl	< 7,8 mmol/l	
	vB	120 mg/dl	< 6,7 mmol/l	
		gestörte Glukosetoleranz:		
	P, cB	140 - 199 mg/dl (kapillär: 140 - 219 mg/dl)	7,8 - 11,0 mmol/l 7,8 - 12,2 mmol/l	
	vB	120 - 179 mg/dl	6,7 - 9,9 mmol/l	
	P, cB	Diab.: ≧ 200 mg/dl (kapillär: ≧ 220 mg/dl)	≧ 11,1 mmol/l ≧ 12,2 mmol/l	
	vB	≧ 180 mg/dl	≧ 10,0 mmol/l	
Glukose-6-Phosphat-Dehydrogenase	vB	26,1 - 35,1 µmol Umsatz/10^{11} Ery/min	9,4 - 12,6 µmol Umsatz/g Hb/min	
Glutamat-Dehydrogenase (GLDH)	P	nach DGKC, 25°C **M:** < 4 U/l **F:** < 3 U/l nach DGKC, 37°C **M:** < 7 U/l **F:** < 5 U/l		
Gutamat-Dehydrogenase (GLDH, Kinder)		nach DGKC, 25°C < 1 Mo: < 6,6 U/l 1 - 6 Mo: < 4,3 U/l 7 - 12 Mo: < 3,5 U/l 1 - 16 J: < 3,2 U/l		

Messgröße	S.	Messwert (konv.)	Messwert (SI-Einh.)	Umr.-F.
Glutamat-Oxalazetat-Transaminase (GOT)		s. Aspartat-Amino-Transferase		
Glutamat-Pyruvat-Transaminase (GPT)		s. Alanin-Amino-Transferase		
Glutathion	vB	24 - 37 mg/dl	0,77 - 1,18 mmol/l	0,032
Glycerol (freies)	P	0,29 - 1,27 mg/dl	0,032 - 0,187 mmol/l	0,12
Glykogenphosphorylase Isoenzym (GPBB)	P	< 7 µg/l		
Gold	S	< 10 µg/dl	< 0,51 µmol/l	0,051
Guanosinmonophosphat, zyklisches (cGMP)	P		3,0 - 9,4 nmol/l ohne Äthanolextraktion	
Hämoglobin (Hb)	vB	**M:** 14 - 17,5 g/dl **F:** 12,3 - 15,3 g/dl	8,7 - 10,9 mmol/l 7,6 - 9,5 mmol/l	0,621
Hämopexin	S	50 - 115 mg/dl		
Haptoglobin	S	**M:** 34 - 266 mg/dl **F:** 49 - 260 mg/dl **1J:** 2 - 300 mg/dl **10J:** 8 - 183 md/dl **16J:** 17 - 213 mg/dl	0,34 - 2,7 g/l 0,5 - 2,6 g/l 0,02 - 3 g/l 0,08 - 1,8 g/l 0,2 - 2,1 g/l	0,01
Harnsäure	S	**M:** 3,6 - 8,2 mg/dl **F:** 2,3 - 6,1 mg/dl	214 - 488 µmol/l 137 - 363 µmol/l	59,48

Messgröße	S.	Messwert (konv.)	Messwert (SI-Einh.)	Umr.-F.
Harnstoff	S	M:		0,1665
		< **50J:** 19 - 44mg/dl	3,2 - 7, 3 mmol/l	
		> **50J:** 18 - 55 mg/dl	3,0 - 9,2 mmol/l	
		F:		
		< **50J:** 17 - 43 mg/dl	2,6 - 6,7 mmol/l	
		> **50J:** 21 - 43 mg/dl	3,5 - 7,2 mmol/l	
		Kinder:		
		1 - 3J: 11 - 36 mg/dl	1,8 - 6,0 mmol/l	
		4 - 13J: 15 - 36 mg/dl	2,5 - 6,0 mmol/l	
		14 - 19J: 18 - 45 mg/dl	2,9 - 7,5 mmol/l	
Harnstoff-N	S	Harnstoff: 2,14 7,9 - 20,1 mg/dl	2,8 - 7,2 mmol/l	0,356
HbA_{1c}	vB	< 6,5%: normal bzw. gute Einstellung in letzten 6 - 8 Wo 6,5 - 7,5%: grenzwertige BZ- Einstellung > 7,5%: schlechte BZ-Einstellung		
Homocystein	P		5 - 15 µmol/l (nach 12 h Fasten)	
Homocystein, Methionin-Belastungstest	P		nach oraler Gabe von Methionin (0,1g/kg KG) Anstieg des Homocystein auf < 41,4 µmol/l oder Δ post/prä: 11,6 - 30,8 µmol/l	

Messgröße	S.	Messwert (konv.)	Messwert (SI-Einh.)	Umr.-F.
Hydroxybutyrat-Dehydrogenase (HBDH)	S	**Erw.:** < 140 U/l		
Hydroxybutyrat-Dehydrogenase (HBDH, Kinder)		**< 1 Mo:** < 515 U/l **1-6 Mo:** < 310 U/l **7-12 Mo:** < 276 U/l **1-2J:** < 222 U/l **3-16J:** < 175 U/l		
Quotient LDH/HBDH		1,38 - 1,64		
Hydroxyprolin, freies	S	0,5 - 1,8 mg/l	4,2 - 14 µmol/l	7,626
Immunglobuline	S			
IgA		70 - 500 mg/dl **< 1 Mo: 1 - 6 mg/dl** **1 - 6 Mo: 5 - 34 mg/dl** **7 - 24 Mo. 11 - 145 mg/dl** **3 - 12 J: 30 - 291 mg/dl** **13 - 16 J: 58 - 314 mg/dl**	0,7 - 5,0 g/l	0,01
IgD		0,3 - 14 mg/dl	0,003 - 0,14 g/l	0,01
IgE		< 0,025 mg/dl (< 150 E/l)	< 0,00025 g/l	0,01
IgG		700 - 1600 mg/dl **< 1 Mo: 660 - 1750 mg/dl** **1 - 6 Mo: 200 - 690 mg/dl** **0,5 - 2 J: 260 - 950 mg/dl** **3 - 12 J: 500-1550 mg/dl** **13 - 16 J: 700-1550 mg/dl**	7 - 16 g/l	0,01
IgG-Subklassen IgG_1 IgG_2 IgG_3 IgG_4		 515 - 920 mg/dl 150 - 492 mg/dl 10 - 65 mg/dl 8 - 151 mg/dl	 5,2 - 9,2 g/l 1,5 - 4,9 g/l 0,1 - 0,7 g/l 0,08 - 1,5 g/l	 0,01

Messgröße	S.	Messwert (konv.)	Messwert (SI-Einh.)	Umr.-F.
IgM		40 - 208 mg/dl < 1 Mo: 6 - 21 mg/dl 1 - 6 Mo: 17 -100 mg/dl 7 - 24 Mo: 33 - 175 mg/dl 3 - 12J: 43 - 240 mg/dl 13 - 16J: 50 - 261 mg/dl	0,4 - 2,8 g/l	0,01
IgG/Albumin-Quotient	S	0,3 - 0,6		
Interleukin-2-Rezeptor, löslicher (sIL-2R)	S, P	< 1000 IU/ml		
Interleukin-6 (IL-6)	S, P	< 10pg/ml		
Interleukin-8 (IL-8)	S, P	< 10 pg/ml		
Jod (proteingebunden)	P	3,0 - 7,6 µg/dl	236 - 598 nmol/l	0,0127
Kälteagglutinine	vB	Titer ≦ 1:16		
Kalium	S	**Erw.:** 3,6 - 4,8 mval/l < 1 Wo: 3,2 - 5,5 mval/l < 1 Mo: 3,4 - 6,0 mval/l 1 - 12 Mo: 3,5 - 6,1 mval/l 1 - 16J: 3,3 - 4,6 mval/l	 3,6 - 4,8 mmol/l 3,2 - 5,5 mmol/l 3,4 - 6,0 mmol/l 3,5 - 6,1 mmol/l 3,3 - 4,6 mmol/l	 1
Kationen	S	155 mmol/l		
Ketonkörper (gesamt)	S	0,5 - 1,5 mg/dl	5 - 15 g/l	10
Kupfer	S	74 - 131 µg/dl < 4 Mo: 9 - 46 µg/dl 4 - 12 Mo: 25 - 130 µg/dl 1 - 13J: 80 - 150 µg/dl	11,6 - 20,6 µmol/l 1,4 - 7,2 µmol/l 3,9 - 20,5 µmol/l 12,6 - 23,6 µmol/l	0,1574

Messgröße	S.	Messwert (konv.)	Messwert (SI-Einh.)	Umr.-F.
Laktat	P	4,5 - 20 mg/dl **Ngb.:** 2,4 - 20 mg/dl (kapillär)	0,5 - 2,2 mmol/l 0,27 - 2,2 mmol/l	0,11
Laktat-Dehydrogenase (LDH)	S, P	nach IFCC und DGKC, 37°C **Erw.:** 135 - 225 U/l < **1J:** 170 - 450 U/l **1 - 3J:** 155 - 395 U/l **4 - 9J:** 135 - 345 U/l **10 - 15J:** 100 - 325 U/l nach DGKC, 25°C **Erw.:** 120 - 240 U/l		
LDH-Isoenzyme		**Agarose-Elektrophorese:**		
Fraktion 1 (HBDH)		15 - 23% (~68 - 135 U/l; v.a. Myokard, Erys, Nieren)		
Fraktion 2		30 - 39% (v.a. Myokard, Erys)		
Fraktion 3		20 - 25% (Milz, Lunge, Lymphknoten, Thrombozyten, etc.)		
Fraktion 4		8 - 15% (Leber, Skelettmusk.)		
Fraktion 5		9 - 14% (Leber, Skelettmusk.)		
Leucin	vB	**Ngb.:** < 4,0 mg/dl		
Leucin-Amino-Peptidase (LAP)	S	8 - 22 U/l		
Lipase (turbidimetrisch)	S	**Erw.:** < 190 U/l **Sgl.:** 5 - 27 U/l **Kinder:** 2 - 78 U/l		
Lipide	S			

Messgröße	S.	Messwert (konv.)	Messwert (SI-Einh.)	Umr.-F.
Cholesterin, gesamt	S	**geringes Risiko für KHK:**		
		< 200 mg/dl	< 5,2 mmol/l	0,0259
		2-faches Risiko:		
		220 mg/dl	5,7 mmol/l	
		3-faches Risiko:		
		260 mg/dl	6,7 mmol/l	
Cholesterin, frakt.				
HDL-Cholesterin	S	**geringes Risiko für KHK:**		
		> 55 mg/dl	> 1,4 mmol/	0,0259
		frgl. Risiko:		
		55-35 mg/dl	1,4 - 0,9 mmol/l	
		hohes Risiko:		
		< 35 mg/dl	< 0,9 mmol/l	
LDL-Cholesterin	S	**geringes Risiko für KHK:**		
		< 130 mg/dl	< 3,4 mmol/l	0,0259
		mäßiges Risiko:		
		130-160 mg/dl	3,4 - 4,1 mmol/l	
		hohes Risiko:		
		> 160 mg/dl	> 4,1 mmol/l	
		Sekundär-prävention bei KHK: < 100 mg/dl	< 2,6 mmol/l	
Gesamtcholesterin/ HDL-Cholesterin	S	< 4,0 ⇒ kein Arterioskleroserisiko 4 - 4,5 ⇒ arterioskleroseneutral > 4,5 ⇒ hohes Arterioskleroserisiko		

Messgröße	S.	Messwert (konv.)	Messwert (SI-Einh.)	Umr.-F.
Fettsäuren, gesamt	P	190 - 420 mg/dl	7,0 - 15,5 mmol/l	0,037
Fettsäuren, freie		< 18 mg/dl	< 0,67 mmol/l	0,037
Triglyceride		< 200 mg/dl	< 2,3 mmol/l	
Lipoprotein (a)		< 30 mg/dl		
Apolipoprotein A-I	S	> 95 mg/dl		0,0113
Apolipoprotein B	S	< 91 mg/dl		
Lipoprotein (a)	S	< 30 mg/dl		
Magnesium	S, P	1,8 - 2,6 mg/dl **Ngb.:**1,2 - 2,6 mg/dl **Kinder:** 1,5 - 2,3 mg/dl	0,73 - 1,06 mmol/l 0,48 - 1,06 mmol/l 0,6 - 0,95 mmol/l	0,4113
Makroglobuline (gesamt)	S	70 - 430 mg/dl	0,7 - 4,3 g/l	0,01
Malatdehydrogenase (MDH)	S	50 - 100 U/l		
Mangan	vB S	7 - 10,5 µg/l < 0,8 µg/l	127 - 191 nmol/l < 14,6 nmol/l	18,2
Methionin	vB	**Ngb.:** < 1 mg/dl		
Molybdän	S	< 1 µg/l	< 10,4 nmol/l	10,42
Myoglobin	S	**M:** 16 - 76 µg/l **F:** 7 - 64 µg/l		
Natrium	S	135 - 145 mval/l	135 - 145 mmol/l	1
Neopterin	S		1,6 - 8 nmol/l	
Neutralfette	vB	0 - 150 mg/dl		
Nickel	vB S	0,05 - 1,05 µg/l 0,05 - 1,08 µg/l	0,85 - 17,9 nmol/l 0,85 - 18,8 nmol/l	17,04
N-Terminales Atriales Natriuretisches Peptid (NT-proANP)	P		0,11 - 0,6 nmol/l	

Messgröße	S.	Messwert (konv.)	Messwert (SI-Einh.)	Umr.-F.
5'-Nukleotidase	S	3 - 26 U/l	27 - 233 nmol/s/l	
Osmolalität	P	280 - 300 mosm/kg H_2O **Ngb.:** 275 - 300 mosm/kg H_2O **1 Wo:** 276 - 305 mosm/kg H_2O **1 Mo:** 274 - 305 mosm/kg H_2O		
Osteocalcin	S	3 - 13 µg/l		
Oxalat	S	5 - 16 µg/ml	62 - 182 µmol/l	11,4
O_2-Gehalt	aB	19 - 21 ml/dl	8,43 - 9,43 mmol/l	0,44
O_2-Partialdruck	aB	71 - 104 mmHg	9,5 - 13,9 kPa	0,13333
O_2-Sättigung	aB	> 95%		
Pankreat. Elastase 1	S	< 3,5 µg/l		
Parathormon-related-Protein (PTHrP)	P	Anti-PTHrP (1 - 34): < 2,5 pmol/l Anti-PTHrP (53 - 84): < 21 pmol/l Anti-PTHrP (1 - 74): < 1,5 pmol/l Anti-PTHrP (1 - 86): < 0,23 pmol/l		
pH	aB	7,35 - 7,45		
Phenylalanin	S	0,8 - 1,8 mg/dl **Ngb.:** 1,2 -3,4mg/dl		
Phosphatase, alkalische (aP)	S, P	nach IFCC, 37°C 30 - 120 U/l **unter 1J.:** < 400 U/l nach DGKC, 25°C **M:** 70 - 175 U/l **F:** 55 - 170 U/l **unter 1J:** < 700 U/l	 0,5 - 2,0 µkat/l < 6,7 µkat/l 1,2 - 2,9 µkat/l 0,9 - 2,8 µkat/l < 11,7 µkat/l	0,0167

Messgröße	S.	Messwert (konv.)	Messwert (SI-Einh.)	Umr.-F.
Knochen-aP		nach ELISA **M:** 15 - 41 U/l **F:** 12 - 31 U/l	 0,25 - 0,68 µkat/l 0,20 - 0,52 µkat/l	
Phosphatase, saure	S	Substrat p-Nitrophenyl-phosphat, 37°C 4,8 - 13,5 U/l **Ngb.:** 10 - 58 U/l **< ½J:** 11 - 45 U/l **½ - 1:** 11 - 35 U/l	0,8 - 2,2 nkat/l	0,164
Phosphatase, saure, Tartrathemmbar (prostataspezifisch, PAP)		≦ 3,7 U/l	< 0,6 nkat/l	0,164
Phosphohexose-isomerase	S	15 - 67 U/l		
Phospholipase A	S	< 10 U/l		
Phospholipide	S	124 - 302 mg/dl	1,6 - 3,9 mmol/l	77,4
Phosphor, anorg. (Phosphor)	S, P	2,6 - 4,5 mg/dl **< 1 Mo: 3,9 - 7,7 mg/dl** **1 - 12 Mo: 3,5 - 6,6 mg/dl** **1 - 12J: 3,0 - 6,0 mg/dl** **13 - 18J: 2,7 - 5,1 mg/dl**	0,8 - 1,5 mmol/l **1,3 - 2,5 mmol/l** **1,2 - 2,2 mmol/l** **1,0 - 2,0 mmol/l** **0,9 - 1,7 mmol/l**	0,3229
Präalbumin	S	10 - 40 mg/dl		
Procalcitonin (PCT)	S	< 0,5 µg/l		
Prokollagen-III-Peptid	S	3,0 - 15,0 µg/l		

Messgröße	S.	Messwert (konv.)	Messwert (SI-Einh.)	Umr.-F.
Proteine		s. Eiweißfraktionen		
Pyruvat	P	0,3 - 0,7 mg/dl	34 - 80 µmol/l	113,6
Rheumafaktor	S	< 10 IU/ml		
Selen	S	74 - 139 µg/l 1 - 4 Mo: 18 - 64 µg/l 5 - 12 Mo: 32 -101 µg/l Kinder: 58 - 121 µg/l	0,9 - 1,8 µmol/l 0,2 - 0,8 µmol/l 0,5 - 1,3 µmol/l 0,7 - 1,5 µmol/l	0,0127
Serum Amyloid A (SAA)	S, P	< 10 mg/l		
Sorbitdehydrogenase (SDH)	S	< 0,4 U/l		
Sulfat, anorg.	S	0,2 - 1,3 mval/l	0,1 - 0,65 mmol/l	0,5
Triglyceride	S	< 200 mg/dl	< 2,3 mmol/l	0,01129
Troponine Troponin T (TnT) Troponin I (TnI)	S, P	 < 0,1 µg/l < 0,1 - 2,0 µg/l (je nach Hersteller)		
Trypsin	vB	**Erw.:** 15 - 65 ng/ml **Ngb.:** < 80 ng/ml		
Tumornekrose-faktor-α (TNF-α)	P	< 20 pg/ml		
Vanadium	vB		0,005 - 8,4 µmol/l	
Vitamine				
Vit A (Retinol)	S	40 - 120 µg/dl	1,3 - 4,2 µmol/l	0,0349
Vit B1 (Thiamin)	vB	20 - 70 µg/l		

Messgröße	S.	Messwert (konv.)	Messwert (SI-Einh.)	Umr.-F.
Vit B2 (Riboflavin)	vB	5 - 30 µg/l		
Vit B3 (Niacin)	P	20 - 100 µg/l		
Vit B6 Pyridoxal Pyridoxamin Pyridoxin	vB	 10 - 30 ng/ml < 5 ng/ml 5 - 30 µg/l		
Vit B12 (Cobalamin)	S	200 - 900 pg/ml	148 - 664 pmol/l	0,7378
Vit C (Ascorbins.)	S	2,0 - 20,0 µg/ml	11 - 114 µmol/l	5,678
Vit D		s. S. 40 (Calciferol)		
Vit E (Tocopherol)	S	7,7 - 13,3 mg/l	18 - 31 µmol/l	2,36
Vitamin H (Biotin)	P	300 - 1200 pg/ml		
Vitamin K (Phyllochinon)	S	50 - 590 ng/l		
Folsäure	S	siehe S. 45 (Folsäure)		
Pantothensäure	P	150 - 400 ng/ml		
Zink	S, P vB S	0,6 - 1,2 mg/l 4,0 - 7,5 mg/l Kinder: 0,75 - 1,0 mg/l	9 - 18 µmol/l 61 - 115 µmol/l 11 - 15 µmol/l	15,3
Zirkulierende Immunkomplexe (Ag-unspezifisch)	S	< 7 µg/ml		

4. Hämatologie

4.1. Erythrozytenzahlen, Erythrozytenindizes (EDTA-Blut)

	Erw.	Ngb.	3 Mo	1 Jahr	8 Jahre
Erythrozyten (x 10^6 /µl)	**M:** 4,5 - 5,9 **F:** 4,1 - 5,1	4,3 - 6,3	2,8 - 4,8	3,6 - 5,2	3,9 - 5,1
Hämoglobin (Hb) (g/dl)	**M:** 14,0 - 17,5 **F:** 12,3 - 15,3	15,2 - 23,5	9,2 - 15,0	10,7 - 13,1	11,1 - 14,7
Hämatokrit (%)	**M:** 36 - 48 **F:** 35 - 45	49 - 71	36 - 46	35 - 43	32 - 41
MCV (mean corpuscular volume, Erythrozyten-volumen) (µm^3 = fl)	**M:** 80 - 96 **F:** 80 - 96	98 - 122	77 -113	74 - 102	77 - 89
MCH (mean corpuscular hemoglobin, Hämoglobingehalt des Erythrozyten) (pg)	**M:** 28 - 33 **F:** 28 - 33	33 - 41	23 - 36	23 - 31	25 - 31
MCHC (mean corpuscular hemoglobin concentration, mittl. korpuskuläre Hb-Konz.) (g/dl)	**M:** 33 - 36 **F:** 33 - 36	31 - 35	26 - 34	28 - 32	32 - 36
MCD (mean corpuscular diameter, Erythrozyten-durchmesser) (µm)	**M:** 7,2 - 7,8 **F:** 7,2 - 7,8	8,6	8,1	7,7	7,7

4.2. Leukozyten (Differenzialblutbild, EDTA-Blut)

Zellen	Erwachsene	Geburt	1 Woche	1 Jahr	6 Jahre
Leukozyten ($10^3/\mu l$)	4,4 - 11,3 100%	8,0 - 30,0 100%	5,0 - 21,0 100%	6,0 - 17,5 100%	5,0 - 14,5 100%
Neutrophile ($10^3/\mu l$)	1,8 - 7,7 59%	6,0 - 26 61%	1,5 - 10,0 45%	1,5 - 8,5 31%	1,5 - 8,0 51%
Stabkernige ($10^3/\mu l$)	0 - 0,7 3%	1,7 9%	0,83 7%	0,35 3,1%	0 - 1,0 3%
Segmentkernige ($10^3/\mu l$)	1,8 - 7,0 56%	9,4 52%	4,7 39%	3,2 28%	1,5 - 7,0 48%
Eosinophile ($10^3/\mu l$)	0 - 0,45 2,7%	0,02 - 0,85 2,2%	0,07 - 1,10 4,1%	0,05 - 0,7 2,6%	0 - 0,6 2,7%
Basophile ($10^3/\mu l$)	0 - 0,2 0,5%	0 - 0,64 0,6%	0 - 0,25 0,5%	0 - 0,2 0,4%	0 - 0,2 0,5%
Lymphozyten ($10^3/\mu l$)	1,0 - 4,8 34%	2,0 - 11,0 31%	2,0 - 17,0 41%	4,0 - 10,5 61%	1,5 - 7,0 42%
Monozyten ($10^3/\mu l$)	0 - 0,8 4%	0,4 - 3,1 5,8%	0,3 - 2,7 9,1%	0,05 - 1,1 4,8%	0 - 0,8 4,3%

4.3. Lymphozyten (Differenzialblutbild, EDTA-Blut)

Zellen	Zellzahl/µl	Anteil an Gesamtlymphozyten
B-Lymphozyten	70 - 210	5 - 15%
T-Lymphozyten	750 - 1350	68 - 82%
T-Helferzellen (CD4)	500 - 900	35 - 55%
T-Suppressorzellen (CD8)	220 - 580	20 - 36%
CD4/CD8 Ratio	> 2	

4.4. Knochenmark

Zellen	Mittelwert (%)	Normbereich (%)
Neutrophile Reihe	53,6	33,6 - 73,6
Myeloblasten	0,9	0,1 - 1,7
Promyelozyten	3,3	1,9 - 4,7
Myelozyten	12,7	8,5 - 16,9
Metamyelozyten	15,9	7,4 - 24,7
Stabkernige	12,4	9,4 - 15,4
Segmentkernige	7,4	3,8 - 11,0
Eosinophile Reihe	3,1	1,1 - 5,2
Basophile und Mastzellen	0,1	
Erythrozytäre Reihe	25,6	15,0 - 36,2
Pronormoblasten	0,6	0,1 - 1,1
basophile Normoblasten	1,4	0,4 - 2,4
polychromatische Normoblasten	21,6	13,1- 30,1
orthochromatische Normoblasten	2,0	0,3 - 3,7
Lymphozyten	16,2	8,6 - 23,8
Plasmazellen	1,3	0 - 3,5
Monozyten	0,3	0 - 0,6
Megakaryozyten	0,1	
Retikulumzellen	0,3	0 - 0,8
Verhältnis Granulozytopoese/Erythropoese	2,3	1,1 - 3,5

4.5. Hämatologische Parameter

Messgröße	S.	Messwert (konv.)	Messwert (SI)	Umr.-F.
Alkalische Neutrophilen-phosphatase (ANP-Index)	BA	13 - 130		
Autohämolyse	vB	**ohne Glukose:** < 3,5% Hämolyse **mit Glukose:** < 0,6% Hämolyse **mit ATP:** < 0,8% Hämolyse		
BSG nach Westergren (Blutkörperchen-Senkungs-Geschwindigkeit, BKS)	vB	M (1h): 3 - 8mm F (1h): 3 - 10mm M (2h): 6 - 20mm F (2h): 6.20mm		
BSG nach Wintrobe		**M:** 0 - 9 mm/h **F:** 0 - 20mm/h		
Zeta-Sedimentations-Rate (ZSR)		41 - 54 %		
Carboxyhämoglobin (CO-Hb)	vB	**Nichtraucher**: 0,4 - 1,6% Hb **Raucher**: 3 - 6% Hb **tox.:** > 20% Hb **letal:** > 55% Hb		
Eisenumsatz	P	20 - 42 mg/24h	0,45 mg/kgKG/ 24h	
Erythrozytenlebenszeit	vB	120 d Chrom-mark. $T_{1/2}$: 28 d		
Ferritin	S, P	**M 20 - 64J:** 34 - 310 µg/l **M 65 - 87J:** 4 - 665 µg/l **F 20 - 64J:** 22 - 112 µg/l **F 65 - 90J:** 13 - 651 µg/l		

Messgröße	S.	Messwert (konv.)	Messwert (SI)	Umr.-F.
Ferritin (Kinder)		Nabelschnurblut: 30 - 276 µg/l **< 1 Mo:** 90 - 628 µg/l **1 - 3 Mo:** 144 - 430 µg/l **4 - 6 Mo:** 19 - 223 µg/l **0,5 - 15J:** 7 - 142 µg/l		
Folat	vB	150 - 450 µg/l Erythrozyten	342 - 1022 nmol/l Erythrozyten	2,27
Glukose-6-Phosphat-Dehydrogenase	vB	26,1 - 35,1 µmol Umsatz/10^{11} Ery/min	9,4 - 12,6 µmol Umsatz/g Hb/min	
Glukosephosphat-isomerase	vB	111 - 137 µmol Umsatz/10^{11} Ery/min	39,9 - 49,5 µmol Umsatz/g Hb/min	
Gluthationreduktase	vB	22,7 - 28,7 µmol Umsatz/10^{11} Ery/min	3,6 - 5,4 µmol Umsatz/g Hb/min	
Hämoglobin (Hb)	vB	**M:** 14 - 17,5 g/dl **F:** 12,3 - 15,3 g/dl	8,7 - 10,9 mmol/l 7,6 - 9,5 mmol/l	0,621
HbA		**Erw.:** 97 - 98,5% **Ngb.:** 13 - 22%		
HbA_0		**Erw.:** 90%		
HbA_2		**Erw.:** 1,3 - 3,2% **Ngb.:** 0,05 - 0,45%		
HbF		**Erw.:** 0,0 - 0,5% **Ngb.:** 78 - 87%		
Freies Hämoglobin	P	< 20 mg/l		
Hämopexin	S	50 - 115 mg/dl	0,5 - 1,2 g/l	0,01

Messgröße	S.	Messwert (konv.)	Messwert (SI)	Umr.-F.
Haptoglobin	S	M: 34 - 266 mg/dl F: 49 - 260 mg/dl 1J: 2 - 300 mg/dl 10J: 8 - 183 mg/dl 16J: 17 - 213 mg/dl	0,34 - 2,7 g/l 0,5 - 2,6 g/l 0,02 - 3 g/l 0,08 - 1,8 g/l 0,2 - 2,1 g/l	0,01
Hexokinase	vB	1,8 - 2,8 µmol Umsatz/10^{11} Ery/min	0,9 - 1,1 µmol Umsatz/g Hb/min	
Lysozyme	S	3 - 9 µg/ml	3 - 9 mg/l	1
Methämoglobin	vB	0,2 - 1% Hb toxisch: > 15% Hb letal: > 70% Hb		
Osmotische Resistenz	vB	↓: **Hämolyse bei:** 0,5% NaCl ↑: **unvollständige Hämolyse bei** 0,3% NaCl		
6-Phosphogluconat-Dehydrogenase	vB	22,1 - 30,3 µmol Umsatz/10^{11} Ery/min	8 - 11 µmol Umsatz/g Hb/min	
Porphyrine im Plasma Koproporphyrin Protoporphyrin Uroporphyrin	P	 0 - 3 nmol/l 0 - 15 nmol/l 0 - 1 nmol/l		
Porphyrine im Erythrozyten freies Protoporphyrin Zink-Protoporphyrin Koproporphyrin Protoporphyrin	vB	 500 - 1800 nmol/l Erys 90 - 150 nmol/l Blut 5 - 30 nmol/l Erys 90 - 640 nmol/Erys		
Pyruvatkinase	vB	31 - 51 µmol Umsatz/10^{11} Ery/min	18 - 22,4 µmol Umsatz/g Hb/min	

Messgröße	S.	Messwert (konv.)	Messwert (SI)	Umr.-F.
Retikulozyten	vB	mikroskopisch: 0,5 - 1,5% der Erythrozyten Ngb.: 2 - 6% absolut: 20 - 110 x $10^3/\mu l$		
Sucrose-Hämolyse	vB	neg.		
Sulfhämoglobin	vB	< 1% Hb		
Thrombozyten	vB	Erw.: 177 - 406 x $10^3/\mu l$ < 1J: 355 - 666 x$10^3/\mu l$ 1 - 5J: 286 - 509 x$10^3/\mu l$ 6 - 15J: 247 - 436 x$10^3/\mu l$		
Transketolase	vB	2,1 - 2,4 µmol/h/10^9 Erythrozyten		
Transferrin	S	Erw.: 200 - 400 mg/dl 2 Wo: 158 - 268 mg/dl 6 Mo: 202 - 302 mg/dl Kinder: 261 - 354 mg/dl	22,4 - 44,8 µmol /l 17,7 - 30 µmol /l 22,7 - 33,8 µmol /l 29,2 - 39,6 µmol /l	0,112
Transferrinsättigung	S, P	(Anteil des mit Eisen gesättigten Transferrins) Erw.: 16 - 45% Ngb.: 29,4 - 46% 1 - 5J: 7 - 44% 6 - 9J: 17 - 42% 10 - 14J: 2 - 40% 14 - 19J: 6 - 33%		
Triosephosphatisomerase	vB	5350 - 6760 µmol Umsatz/10^{11} Ery/min	1926 - 2434 µmol Umsatz/g Hb/min	
Viskosität		P: 1,7 - 2,1 Pa s S: 1,4 - 1,8 Pa s		

5. Gerinnung

Messgröße		Messwert
α_2-Antiplasmin	zB	funktionelle Aktivität: 80 - 120% immunologisch:0,06 - 0,1 g/l
Antithrombin III (AT III)	zB	funktionelle Aktivität: 80 - 120% immunologisch: 0,19 - 0,31 g/l < 1Mo: 40 - 80%
Aktivierte Protein C-Resistenz (APC-Resistenz) **APC-Ratio** **APC-Sensitivität**	zB	 > 2,0 V.a. Faktor V-Leiden: ≦ 0,8 > 29%
Blutungszeit Duke-Methode subaquale BZ nach Marx Simplate Ivy	cB	 < 4 min 1 - 5 min < 7 min 2 - 7 min
Clot-Retraktion	vB	Beginn nach 60 min, komplett abgeschlossen nach < 24 h
D-Dimere	zB	20 - 400 µg/l
Euglobulin-Lyse-Zeit	zB	2 - 12 h
Fibrin-Lyse-Zeit	S	> 60 min
Fibrinmonomere	zB	Hämagglutinationstest: < 15 mg/l funktionell: < 15 mg/l ELISA < 2 mg/l
Fibrinogen (Fakt. I)	zB	180 - 350 mg/dl
Fibrinogen-Spaltprodukte	P	< 1mg/l

Messgröße		Messwert
Gerinnungsfaktoren	zB	
Fakt. I (Fibrinogen)		180 - 350 mg/dl
Fakt. II (Prothrombin)		70 - 120%
Fakt. IV (Calcium)		s. Serumchemie
Fakt. V (Proacellerin)		70 - 120%
Fakt. VII (Proconvertin)		70 - 120%
Fakt. VIII (antihämophiles Globulin A)		70 - 150%
Fakt. IX (Christmas-Faktor)		70 - 120%
Fakt. X (Stuart-Prower-Faktor)		70 - 120%
Faktor XI (Plasma-Thromboplastin-Antecedent)		70 - 120%
Faktor XII (Hageman-Faktor)		70 - 150%
Fakt. XIII (Fibrinstabilisierender Faktor)		70 - 140%
Gewebeplasminogenaktivator	P	Aktivität: < 200 E/l, nach Venenokklusion: > 1000 E/l immunologisch: 2 - 7 µg/l nach Venenokklusion: 8,8 - 44,8 µg/l
Heparin	zB	ther. Bereich: 0,2 - 0,8 U/ml
Heparin-Kofaktor II	zB	80 - 115%
Kininogen (HMW-Kininogen)	zB	70 - 150%
Plättchenfaktor 4	zB	1,4 - 6,1 µg/l
Plasminogen-α_2-Antiplasmin Komplex	zB	120 - 700 µg/l

Messgröße		Messwert
Plasminogen	zB	Aktivität: 75 -150% 2,4 - 3,8 CTA U/ml immunologisch: 0,06 - 0,25 g/l
Präkallikrein (Fletcher-Faktor)	zB	70 - 150% 0,80 - 1,14 E/ml oder 3 mg/dl
Protamin-Parakoagulation-(3P)-Test		neg.
Protein C	zB	funktionelle Aktivität: 70 - 140% immunologisch: 3 - 6 mg/l
Protein S	zB	funktionelle Aktivität: 65 - 140%
Prothrombinfragment 1+2 (F1+2)	zB	0,4 - 1,1 nmol/l
Prothrombinzeit (= Quickwert, = Thromboplastinzeit) Prothrombinratio INR (INR = Prothrombinratio x ISI)	zB	70 - 130% 0,85 - 1,15 0,85 - 1,15
PTT (partielle Thromboplastin-zeit, aktivierte, aPTT)	zB	26 - 36 s
Reptilasezeit	zB	15 - 24 s
Quickwert	zB	s. Prothrombinzeit
Thrombinkoagulase-Zeit	zB	15 - 24 s
Thrombin-Antithrombin III-Komplex (TAT)	zB	1,0 - 4,1 µg/l
Thrombinzeit (TZ, Plasmathrombinzeit)	zB	16 - 24 s

Messgröße		Messwert
Thrombozyten	vB	177 - 406 x $10^3/\mu l$ < **1J**: 355 - 666 x $10^3/\mu l$ **1 - 5J**: 286 - 509 x $10^3/\mu l$ **6 - 15J**: 247 - 436 x $10^3/\mu l$
Thrombozytenfunktionstest	vB, zB	
Test Hellem II nach Niessener		mittl. Adhäsivität: 87,8 - 95,4%
Thrombometer nach Poliwoda		20 - 44 s
Thrombostat		In vitro Blutungszeit: 2,9 - 3,3 min
Plättchenaggregation im Born-Test unter ADP		Winkel alpha: 76 - 90° Maximalamplitude: 0,15 - 0,47
Plättchenaggregation im Born-Test unter Kollagen		Winkel alpha2: 74 - 86° Maximalamplitude: 0,39 - 0,59
Von Willebrand- Fakt.	zB	70 - 150%

INR = **International Normalized Ratio** = Gerinnungszeit des Patientenplasmas in sec./Gerinnungszeit des Normalplasmas in sec.

ISI = **International Sensitivity Index** = Empfindlichkeitsfaktor, der die Abweichung vom Thromboplastin-Referenz-Präparat beschreibt

6. Hormone

Messgröße	S.	Messwert (konv.)	Messwert (SI)	Umr.-F.
ACTH	P	morgens: 5 - 60 ng/l nachts: < 10 ng/l	1,1 - 13,3 pmol/l < 2,2 pmol/l	0,2202
Adiuretin (ADH, Vasopressin)	P	1,5 - 6,0 ng/l (höhere Normwerte bei höherer Plasmaosmolalität)	1,4 - 5,6 pmol/l	0,93
Adrenalin	P	30,0 - 85,0 ng/l	164 - 464 pmol/l	5,5
Aldosteron	P	**Test, nach Bettruhe, liegend:**		
		Erw: 29 - 145 ng/l	80 - 401 pmol/l	2,77
		aufrechte Körperhaltung:		
		Erw.: 65 - 285 ng/l **Ngb.:** 343 - 1253 ng/l **2. Tag:** 191 - 1123 ng/l **6 - 30. Tag:** 69 - 812 ng/l **1 - 12 Mo:** 69 - 552 ng/l **2 - 6J:** 40 - 271 ng/l **6 - 14J:** 31 - 148 ng/l	180 - 790 pmol/l 950 - 3470 pmol/l 530 - 3110 pmol/l 190 - 2250 pmol/l 190 - 1530 pmol/l 110 - 750 pmol/l 85 - 410 pmol/l	2,77
		Orthostasetest: Anstieg nach 2h Stehen/ Gehen auf 150 - 300% des Basalwertes		
		Furosemidtest: 1h nach Gabe von 40 mg Furosemid Anstieg auf 200 - 400% des Basalwertes		
		Captopriltest: nach Gabe von 25 mg Captopril p.o. Abfall auf < 145 ng/l (< 400 mol/l)		
		Natriumbelastungstest: nach Infusion von 2l 0,9%iger NaCl-Lösung Abfall auf < 50% des Basalwertes		

Messgröße	S.	Messwert (konv.)	Messwert (SI)	Umr.-F.
Androstenedione	P	**M:** 0,8 - 1,3 ng/ml **F:** < 0,9 ng/ml	3,0 - 5,0 nmol/l < 3,0 nmol/l	3,492
Angiotensin I	vB	11 - 88 ng/l		
Angiotensin II	P	morgens: 10 - 30 pg/ml		
Calcitonin	P	(je nach Methode) M: < 2 - 48 pg/ml F: < 2 - 10 pg/ml	 < 0,6 - 13,4 pmol/l < 0,6 - 2,8 pmol/l	0,28
		Pentagastrin-Test: Pentagastrin 0,5 µg/kg KG i.v.; Calcitonin-Bestimmung basal, nach 2 und nach 5 min: Calcitoninanstieg maximal auf: M: < 79 pg/ml F: < 50 pg/ml		
Cortisol	P	morgens: 8 Uhr: 5 - 25 µg/dl nachts: 24 Uhr: ≦ 5 µg/dl	138 - 690 nmol/l ≦ 138 nmol/l	27,59 27,59
		Tagesprofil (9Uhr, 12Uhr,16Uhr, 24Uhr), Maximum morgens, Minimum nachts:		
		max.: 25 µg/dl) min.: 2,5 µg/dl)	max.: 690 nmol/l min.: 70 nmol/l	
		Cortisolsekretionsrate:		
		5 - 25 mg/24h	14 - 69 nmol/24h	27,59
		ACTH-Stimulationstest (0,25 mg ACTH), nach 30 - 60min Anstieg von Cortisol auf:		
		> 20 µg/dl	> 550 nmol/l	27,59
		Dexamethasonhemmtest, 9h nach mitternächtlicher Dexamethasongabe oral (2mg), Suppression von Cortisol morgens auf:		
		< 3 µg/dl	< 83 nmol/l	27,59

Messgröße	S.	Messwert (konv.)	Messwert (SI)	Umr.-F.
Cortisol	P	CRH-Test (100µg CRH langsam i.v.), Anstieg von ACTH und Cortisol (Anstieg von ACTH um mehr als 50% des Basalwertes)		
		Lysin-Vasopressin-Test, 15, 30, 45, 60 und 90 min nach i.v.-Gabe von 5 IE Lysin-8-Vasopressin in einer 50 ml Infusion 0,9%iger NaCl-Lösung über 60 min deutlicher Anstieg von Cortisol/ACTH (s. CRH-Test)		
		CRH-Lysin-Vasopressin-Test, 15, 30, 45 und 60 min nach langsamer i.v.-Gabe von 50 µg CRH und 0,5 IE Lysin-8-Vasopressin deutlicher Anstieg von Cortisol/ACTH (s. CRH-Test)		
		Metopiron-Test, nach 30 mg/kg KG Metopiron p.o. zur Nacht: morgendlicher Anstieg von 11- Desoxycortisol auf > 7 µg/dl (> 202 nmol/l), Cortisol < 10 µg/dl (< 280 nmol/l)		
C-Peptid	S	0,7 - 2,0 µg/l	0,2 - 0,6 nmol/l	0,28
		C-Peptid-Suppressionstest: 0,12 IE Altinsulin/kg KG über 60 min, alle 10 min Blutabnahme, Abfall des C-Peptids > 67%		
	weitere Funktionstests siehe Insulin			
Dehydroepi-androsteron DHEA	S	Erw.: 4 - 7 µg/l 1 - 5J: 0,2 - 0,7 µg/l 6 - 11J: 0,3 - 1,8 µg/l 12 - 14J: 0,8 - 2,1 µg/l	13,9 - 24,3 µmol/l 0,6 - 2,5 µmol/l 1,0 - 6,3 µmol/l 2,4 - 6,1 µmol/l	3,467

Messgröße	S.	Messwert (konv.)	Messwert (SI)	Umr.-F.
Dehydroepi-androsteronsulfat DHEA-S	S	Erw.: 1000 - 3000 µg/l 1 - 5J: < 300 µg/l 6 - 11J: 100 - 1500 µg/l 12 - 17J: 300 - 5500 µg/l	2,7 - 8,1 µmol/l < 0,81 µmol/l 0,27 - 4,1 µmol/l 0,81 - 14,9 µmol/l	0,0027
11-Desoxycortisol	P	< 1 µg/dl	< 29 nmol/l	28,86
Dopamin	P	30 - 85 ng/l	197 - 560 pmol/l	6,5
Follikel-stimulierendes Hormon (FSH)		Erw.: M: 1 - 7 IU/l F (Follikelphase): 2 - 10 IU/l F (Ovulation): 8 - 20 IU/l F (Lutealphase): 2 - 8 IU/l F (Postmenopause): > 20 IU/l Mädchen: 5. Tag: < 0,2 - 0,46 IU/l 2 Mo - 3J: 1,4 - 9,2 IU/l 4 - 11J: 0,4 - 6,6 IU/l 12 - 18J: 1,4 - 9,2 IU/l		
		Gonadotropin-Releasing-Hormon-Test (GnRH-Test): Frauen, 30 min nach i.v.-Gabe von 25 µg GnRH: je nach Zyklusphase: Anstieg um 5 - 10 IU/l Männer, 25 und 45 min nach i.v.-Gabe von 100 µg GnRH: mind. 1,5facher Anstieg über Basalwert		
Gastrin	S	< 40 - 210 pg/ml	< 20 - 100 pmol/l	0,48
		Funktionstest: s. Sekretin-Provokationstest		
Glukagon	P	50 - 100 pg/ml	14 - 29 pmol/l	0,29

Messgröße	S.	Messwert (konv.)	Messwert (SI)	Umr.-F.
Humanes Choriongonadotropin (HCG)	S, P	**Männer und prämenopausale Frauen:** < 5 IU/l **postmenopausale Frauen:** < 10 IU/l		
β-HCG	S, P	< 0,2 IU/l **wahrscheinliche Schwangerschaft:** ≧ 10 IU/l 4. SSW: < 400 IU/l 10. SSW: 40000 - 230000 IU/l 13: SSW: 40000 - 140000 IU/l 2. Trimenon: 8000 - 100000 IU/l 3. Trimenon: 5000 - 65000 IU/l		
Humanes plazentares Laktogen in der Schwangerschaft (HPL)	P	**Frauen, je nach Schwangerschaftswoche:** 16. SSW: 0,6 - 2,3 ng/l 20. SSW: 0,9 - 3,6 ng/l 24. SSW: 1,3 - 5,3 ng/l 28. SSW: 2,0 - 7,5 ng/l 32. SSW: 3,0 - 9,9 ng/l 36. SSW: 3,7 - 11,5 ng/l 40. SSW: 4,5 - 11,5ng/l 43. SSW: 4,5 - 10,5 ng/l		
18-Hydroxycorticosteron (18-OHB)	P	115 - 550 ng/l Orthostasetest: Anstieg nach 2h Stehen/ Gehen auf 150 - 300% des Basalwertes		
17-Hydroxypregnenolon	P	F: 30 - 350 ng/dl	0,9 - 10,5 nmol/l	0,03026

Messgröße	S.	Messwert (konv.)	Messwert (SI)	Umr.-F.
17-Hydroxy-progesteron	P	M: 20 - 300 ng/dl F: 10 - 240 ng/dl Nabelschnurblut: 900 - 5000 ng/dl **Frühgeborene:** < 600 ng/dl **Ngb.:** < 77 ng/dl **Kinder:** < 65 ng/dl	0,6 - 9,1 nmol/l 0,3 - 7,3 nmol/l 28 - 151 nmol/l < 18,2 nmol/l < 2,7 nmol/l < 2 nmol/l	0,03026
Insulin	P	nüchtern: 6 - 25 mU/l	36 - 150 pmol/l	6
		Hungerversuch (n. 72h Nahrungskarenz): Glukose 40 - 60 mg/dl, Insulin < 6 mU/l (< 36 pmol/l) und C-Peptid < 0,7 µg/l (< 0,2 nmol/l)		
		Tolbutamidtest: i.v.-Gabe von 1g Tolbutamid, Blutentnahmen zwischen 5 und 180 min. **Insulin**: nach 5min 45 - 90mU/l danach Abfall **Glukose**: nach 25 - 45min 35 - 40% des Ausgangswertes, nach 120min > 60 mg/dl		
		Glukosebelastungstest: 0,5 g/kg KG Glukose (max. 35 g) i.v. in 3 min, Blutabnahme nach 1, 3, 5, 10 min; Maximalwerte: Insulin: < 200 mU/l (< 1200 pmol/l), C-Peptid: 2,7 - 5,7 µg/l (0,9 - 1,9 nmol/l), Proinsulin: 77 - 102 ng/l (8,5 - 11,3 pmol/l)		
		Glucagonstimulationstest: 1 mg Glucagon i.v., Blutabnahme nach 1, 5, 10, 15, 30 min: Maximalwerte: s. Glukosebelastungstest		

Messgröße	S.	Messwert (konv.)	Messwert (SI)	Umr.-F.
Insulin-like growth-factor-I (IGF-I, Somatomedin C)	S, P	Erw.: 17 - 20J: 180 - 840 µg/l 21 - 30J: 165 - 434 µg/l 31 - 40J: 155 - 329 µg/l 41 - 50J: 115 - 286 µg/l 51 - 60J: 100 - 285 µg/l > 61J: 69 - 262 µg/l Kinder: < 6J: 20 - 260 µg/l 6 - 9J: 80 - 470 µg/l 10 - 12J: 110 - 770 µg/l 13 - 16J: 200 - 1100 µg/l		
Insulin growth factor binding protein 3 (IGFBP-3)	S, P	Erw.: 2 - 5 mg/l Ngb.: 0,4 - 1,4 mg/l Pubertät: 2,3 - 4,9 mg/l		
Katecholamine	P			
Noradrenalin		185 - 275 ng/l	1094 - 1625 pmol/l	5,9
Adrenalin		30 - 85 ng/l	164 - 464 pmol/l	5,5
Dopamin		30 - 85 ng/l	197 - 560 pmol/l	6,5
Luteinisierendes Hormon (LH)	P	Präpubertät: < 0,9 mU/ml M: 2 - 10 IU/l F (Follikelphase): 3 - 15 IU/l F (Ovulation): 20 - 200 IU/l F (Lutealphase): 5 - 10 IU/l F (Postmenopause): > 20 IU/l Mädchen: 2 - 12 Tage: < 0,1 - 0,5 IU/l 2 - 11J: < 0,1 - 0,4 IU/l 12 - 13J: < 0,1 - 5,4 IU/l 14 - 18J: 0,5 - 12,9 IU/l		

Messgröße	S.	Messwert (konv.)	Messwert (SI)	Umr.-F.
Luteinisierendes Hormon (LH)	P	Gonadotropin-Releasing-Hormon-Test (GnRH-Test): Frauen, 30 min nach i.v.-Gabe von 25 µg GnRH: je nach Zyklusphase: Anstieg um 5 - 10 IU/l Männer, 25 und 45 min nach i.v.-Gabe von 100 µg GnRH: mind. 3-facher Anstieg über Basalwert		
Noradrenalin	P	185 - 275 ng/l	1094 -1625pmol/l	5,9
Östradiol (E2) (Männer)	P	Männer: < 56 ng/l	< 206 pmol/l	3,671
Östradiol (E2) (Frauen)	P	**Follikulär**: 30 - 300 ng/l	110 - 1100 pmol/l	3,671
		Ovulation: 100 - 600 ng/l	370 - 2200 pmol/l	
		Luteal: 100 - 300 ng/l	360 - 1100 pmol/l	
		Präpubertät: < 5 - 15 ng/l	< 18 - 55 pmol/l	
		Postmenop.: < 10 ng/l	< 37 pmol/l	
Östriol (freies) in der Schwangerschaft	P	Frauen je nach Schwangerschaftswoche (SSW): **30. SSW**: 3,0 - 8,0 ng/ml **35. SSW**: 4,5 - 17,2 ng/ml **40. SSW**: 7,7 - 24,0 ng/ml **42. SSW**: 8,5 - 24,5 ng/ml		
Oxytocin	P	1,25 - 5 ng/ml Ovulation: 5 - 10 ng/ml	1 - 4 pmol/l 4 - 8 pmol/l	0,8
Parathormon (intakt, PTH)	P	15 - 65 ng/l	1,5 - 6,5 pmol/l	0,106
		Ellsworth-Howard-Test: **200 IE Parathormon i.v.**: im 1h Sammelurin Anstieg von anorgan. Phosphat auf mehr als das Doppelte		

Messgröße	S.	Messwert (konv.)	Messwert (SI)	Umr.-F.
Pepsinogen I	S	25 - 100 ng/ml		
Progesteron	P	M: < 0,6 µg/l F (follikulär): < 1,0 µg/l F (luteal): ≧ 8 µg/l F. (Postm.): < 1,0 µg/l Mädchen: 9 - 11J: 0,1 - 0,6 µg/l 12J: 0,03 - 0,5 µg/l 13J: 0,06 - 0,6 µg/l 14J: 0,2 - 0,5 µg/l	< 1,6 nmol/l < 3,2 nmol/l ≧ 25 nmol/l < 3,2 nmol/l 0,3 - 1,8 nmol/l 0,1 - 1,5 nmol/l 0,2 - 1,9 nmol/l 0,5 - 1,7 nmol/l	3,18
Proinsulin	P	< 25 ng/l	< 3 pmol/l	0,11
Prolaktin	S	M: 3,0 - 14,7 µg/l F: 3,8 - 23,2 µg/l Ngb.: 100 - 500 µg/l 2 - 12 Mo: 5,3 - 63,3 µg/l 2 - 3J: 4,4 - 29,7 µg/l 4 - 11J: 2,6 - 21,0 µg/l 12 - 13J: 2,5 - 24 µg/l	72 - 353 mIU/l 91 - 557 mIU/l 2400 - 1200 mIU/l 127 - 1519 mIU/l 106 - 713 mIU/l 62 - 504 mIU/l 60 - 576 mIU/l	24
	Prolaktinstimulationstest: 30, 45, 60 min nach i.v. Gabe von 10 mg Metoclopramid oder 200 µg TRH: **nach Metoclopramid:** Anstieg von Prolaktin auf 4000 - 9000 mIU/l **nach TRH**: Anstieg von Prolaktin auf 2000 - 4000 mIU/l			
Renin	P	**liegende Körperposition:** 3 - 19 ng/l **aufrechte Körperposition:** 5 - 40 ng/l		
		Orthostasetest: Anstieg nach 2h Stehen/ Gehen auf 150 - 300% des Basalwertes		

Messgröße	S.	Messwert (konv.)	Messwert (SI)	Umr.-F.
Renin	P	**Furosemidtest:** 1h nach Gabe von 40 mg Furosemid Anstieg auf 200 - 400% des Basalwertes		
		Captopriltest: nach Gabe von 25 mg Captopril p.o. Anstieg ≦ 150% des Basalwertes		
Reninaktivität	P	**liegende Körperposition:** 0,5 - 1,6 µg/l/h **aufrechte Körperposition:** 1 - 8 µg/l/h		
Schilddrüsen-AK **Thyroidperoxid-ase-AK** (mikrosomale AK, MAK) Thyreoglobulin-AK TSH-Rezeptor-AK	S	< 35 U/ml (TPO-AK) < 40 U/ml (TG-AK) < 9 U/l (TSH-RAK)		
Serotonin	vB	**M:** 80 - 292 µg/l **F:** 110 - 330 µg/l 555 - 1032 ng/10^9 Thrombozyten	0,4 - 1,5 nmol/l 0,6 - 1,7 nmol/l 2,9 - 5,4 nmol/10^9 Thrombozyten	0,0052
Sexualhormon-bindendes Globulin (SHBG)	S	Männer: 11 - 71 nmol/l		
Somatotropes Hormon (STH, = human growth hormon, HGH, Wachstums-hormon)	P	**Erw: Basalwert (in Ruhe, nüchtern):** < 4 µg/l		
		Suppressionstest (nach 75 g Glukose oral Blutabnahme nach 30, 60, 90, 120 min): < 2 µg/l		

Messgröße	S.	Messwert (konv.)	Messwert (SI)	Umr.-F.
Somatotropes Hormon (STH, = human growth hormon, HGH, Wachstums-hormon)	P	**Belastungstests (Stimulationstests):** **1.)** körperliche Belastung für 10 min, nach 20 min Blutentnahme: > 10 µg/l **2.)** Clonidintest (Gabe von 75 mg Clonidin/m^2 KOF): > 15 µg/l **3.)** GHRH-Test (= growth hormone releasing hormone): nach i.v.-Gabe von 1 µg/kg KG GHRH Blutabnahme nach 15, 30, 45, 60 und 90 min: max. Anstieg auf > 10 µg/l		
Testosteron	P	**Präpub.:** 0,3 - 1,2 ng/ml **M:** 3,5 - 8,6 ng/ml **F:** < 1 ng/ml **F. (Postmenopause):** 0,08 - 0,35 ng/ml	1 - 4 nmol/l 12 - 30 nmol/l < 3,5 nmol/l 0,28 - 1,2 nmol/l	3,467
		HCG-Test: nach 3 Tagen je 5000 IE HCG i.m.: nach 48 oder 72 h Anstieg von Testostreon auf das 1,5 - 2,5-fache (< 60J.) bzw. auf das 1,4 fache (>60J.)		
Thyreoglobulin	S	2 - 50 µg/l		
Thyreoidea stimulierendes Hormon (TSH)	S	basal: 0,4 - 4,0 mU/l **Säugl., 5. Tg.:** < 20 mU/l		
		TRH-Test, i.v. 200 µg oder nasal 2 mg TRH (nach 30min) oder oral 40 mg TRH (nach 3 - 4h): i.v., nasal: Anstieg um 2 - 25 mU/l; oral: Anstieg um 2 - 30 mU/l		

Messgröße	S.	Messwert (konv.)	Messwert (SI)	Umr.-F.
Thyreotropin-Releasing-Hormon (TRH)	P	5 - 60 pg/ml		
Thyroxin (T_4)	S			
gesamtes T_4 (TT4)		Erw: 55 - 110 µg/l Nabelschnurblut: 60 - 131 µg/l **1., 2. Tag:** 107 - 258 µg/l **3. - 30. Tag:** 78 - 179 µg/l **1 - 12 Mo:** 54 - 138 µg/l **1 - 7J:** 53 - 123 µg/l **7 - 13J:** 60 - 111 µg/l **13 - 18J:** 49 - 107 µg/l	77 - 142 nmol/l 77 - 167 nmol/l 138 - 332 nmol/l 100 - 254 nmol/l 69 - 178 nmol/l 68 - 158 nmol/l 77 - 143 nmol/l 63 - 138 nmol/l	1,287
freies T_4 (FT4)		8 - 18 ng/l (Schwangere > 5 ng/l) Nabelschnurblut: 10 - 18 ng/l **1., 2. Tag:** 16 - 38 ng/l **3. - 30. Tag:** 15 - 30 ng/l **1 - 12 Mo:** 11 - 18 ng/l **1 - 7J:** 9 - 17 ng/l **7 - 13J:** 9 - 17 ng/l **13 - 18J:** 9 - 18 ng/l	10 - 23 pmol/l 13 - 23 pmol/l 21 - 49 pmol/l 19 - 39 pmol/l 14 - 23 pmol/l 12 - 22 pmol/l 12 - 22 pmol/l 12 - 23 pmol/l	1,287
freier Thyroxin Index (FTI)	S	0,86 - 1,13		
Trijodthyronin (T_3)	S			

Messgröße	S.	Messwert (konv.)	Messwert (SI)	Umr.-F.
gesamtes T_3 (TT3)		Erw.: 0,9 - 1,8 µg/l Nabelschnurblut: 0,4 - 1,3 µg/l **1., 2. Tag:** 0,8 - 2,6 µg/l **3. - 30. Tag:** 0,7 - 2,0 µg/l **1 - 12 Mo:** 1,1 - 2,3 µg/l **1 - 7J:** 1,2 - 2,0 µg/l **7 - 13J:** 1,1 - 2,0 µg/l **13 - 18J:** 1,0 - 1,8 µg/l	1,4 - 2,8 nmol/l 0,6 - 2,0 nmol/l 1,2 - 4,0 nmol/l 1,1 - 3,1 nmol/l 1,7 - 3,5 nmol/l 1,8 - 3,1 nmol/l 1,7 - 3,1 nmol/l 1,5 - 2,8 nmol/l	1,54
freies T_3 (FT3)		Erw.: 3,5 - 8,0 pg/ml Nabelschnurblut: 1,0 - 1,9 ng/l **1., 2. Tag:** 3,4 - 9,3 ng/l **3. - 30. Tag:** 2,8 - 6,9 ng/l **1 - 12 Mo:** 3,3 - 6,5 ng/l **1 - 7J:** 3,4 - 6,6 ng/l **7 - 13J:** 4,0 - 6,2 ng/l **13 - 18J:** 3,4 - 5,6 ng/l	5,4 - 12,3 pmol/l 1,6 - 3,2 pmol/l 5,2 - 14,3 pmol/l 4,3 - 10,6 pmol/l 5,1 - 10,0 pmol/l 5,2 - 10,2 pmol/l 6,2 - 9,5 pmol/l 5,2 - 8,6 pmol/l	1,54
reverses T_3 (rT3)		0,1 - 0,3 µg/l	0,15 - 0,5 nmol/l	1,54
Thyroxinbindendes Globulin (TBG)	S	13 - 30 mg/l	220 - 510 nmol/l	17
TT_4/TBG-Quotient		Euthyreose: 3,1 - 5,5 (µgTT4/mg TBG) Hypothyreose: < 2,0 Hyperthyreose: > 7,6		
Vasopressin		(s. Adiuretin, ADH)		

7. Tumormarker

Messgröße	S.	Messwert (konv.)	Tumor
α-Fetoprotein (AFP)	S	< 10 µg/l < 7 IU/ml	**Hepatozelluläres Ca, Hodentumoren** (außer Seminom), ovarielle Keimzelltumoren
β_2-Mikroglobulin	S U	< 3 mg/l < 0,3 mg/l	Multiples Myelom, Lymphome
CA 15-3	S	< 25 U/ml	**Mamma-Ca**, Ovarial-Ca
CA 19-9	S	< 37 U/ml	**Pankreas-Ca, Gallengangs-Ca**, Magen-Ca, Kolon-Ca, Ovarial-Ca
CA 50	S	< 17 U/ml	Kolon-Ca, Magen-Ca, Bronchial-Ca, Lymphome
CA 72-4	S	< 4 U/ml	Magen-Ca
CA 125	S	< 35 U/ml	**Ovarial-Ca**, Pankreas-Ca, Endometrium-Ca
CA 549	S	≦ 12 U/ml	**Mamma-Ca**, Ovarial-Ca, Hepatozelluläres-Ca, Bronchial-Ca
Calcitonin	S	< 13,4 pmol/l	medulläres Schilddrüsen-Ca
Carcinoembryonales Antigen (CEA)	S	< 3 µg/l	**Kolon-Ca**, Bronchial-Ca (Plattenepithel- und kleinzelliges Ca), Mamma-Ca, Magen-Ca, Blasen-Ca, Nierenzell-Ca, Gallengangs-Ca, Larynx-Ca, Ovarial-Ca
Chromgranin A	S	10 - 53 µg/l	neuroendokrine Tumoren

Messgröße	S.	Messwert (konv.)	Tumor
Cyfra 21-1	S	< 2 µg/l	Bronchial-Ca (Plattenepithel)
γ-Enolase (Neuronenspezif. Enolase = NSE)	S	< 10 µg/l (Kinder ≦ 25 µg/l)	**Bronchial-Ca** (Kleinzeller), neuroendokrine Tumoren, Seminome
Humanes Chorion-gonadotropin (HCG) (β-HCG)	S	< 5 IU/l < 0,2 IU/l	Chorion-Ca, ovarielle Keimzelltumoren, Hodentumoren
Mucin-like cancer-associated antigen (MCA)	S	< 15 U/ml	Mamma-Ca, Ovarial-Ca, Zervix-Ca, Endometrium-Ca
Neuropeptid Y (NPY)	P	< 20 - 50 pmol/l	Phäochromozytom, Ganglioneurinom, Neuroblastom
Pankreatisches Polypeptid (PP)	S	< 630 pg/ml (< 150 pmol/l)	endokrine GI-Tumoren (z.B. Vipom, Insulinom, Gastrinom)
Prostataspezifisches Antigen (PSA), gesamt	S	< 4 µg/l	Prostata-Ca
freies PSA/Gesamt-PSA		< 0,10 µg/l < 0,20 µg/l	V.a. Prostata-Ca V.a. benigne Prostatahyperplasie
Phosphatase, saure, Tartrat-hemmbar (prostataspezifisch, PAP)	S	≦ 3,7 U/l	Prostata-Ca
Squamous-cell-carcinoma (SCC)	S	< 2,0 µg/l	**Larynx-Ca, Zervix-Ca, Vulva-Ca**, Chorion-Ca, Bronchial-Ca, Blasen-Ca

Messgröße	S.	Messwert (konv.)	Tumor
Thymidinkinase	S	< 6,5 U/l	**Leukämien, Lymphome,** kleinzelliges Bronchial-Ca
Thyreoglobulin	S	50 µg/l	papilläres und follikuläres **Schilddrüsen-Ca**
Tissue Protein Antigen (TPA)	S	< 80 U/l	Blasen-Ca, Nierenzell-Ca, Larynx-Ca, Mamma-Ca, Schilddrüsen-Ca (anapl.), kleinzelliges Bronchial-Ca, Ovarial-Ca
Vasoaktives intestinales Polypeptid (VIP)	P	< 65 pg/ml (< 20 pmol/l)	Vipom

8. Medikamente / Toxine

Messgröße	S.	Therapeutischer bzw. Normbereich	Toxischer Bereich (konv.)	Toxischer Bereich (SI)	Umr.-F.
Aluminium	S P vB U, 24h	2,1 - 4,3 µg/l 3,5 - 4,8 µg/l 2,0 - 7,0 µg/l 18 - 21 µg/l	> 100 µg/l	> 3,7 µmol/l	0,037
Amikacin	S	**max.**: 20 - 30mg/l **min.**: 1 - 4 mg/l	> 35 mg/l > 8 mg/l		
Amiodaron	S	0,5 - 5,0 mg/l	> 5 mg/l		
Amitriptylin	S	150 - 250 µg/l	> 500 µg/l		
Amphetamin	S U		> 0,2 mg/l > 1 mg/l		
Amphotericin	S	0,5 - 1,0 mg/l	> 1mg/l		
Arsen	vB U, 24h	0,4 - 12,0 µg/l 2,3 - 31,0 µg/l	**akut:** > 60 µg/l **chron.:** 10 - 50 µg/l > 300 µg/l	 > 7,8 µmol/l 1,3-6,5µmol/l > 39 µmol/l	 0,13
Azetylsalizyl-säure	P		> 300 mg/l		
Barbiturate Phenobarb. kurz wirk. B.	S	 10 - 40 mg/l	 > 90 mg/l > 35 mg/l	 > 390 µmol/l > 150 µmol/l	 4,31 4,419

Messgröße	S.	Therapeutischer bzw. Normbereich	Toxischer Bereich (konv.)	Toxischer Bereich (SI)	Umr.-F.
Benzol	vB	< 0,2 µg/l (Nichtraucher) < 0,5 µg/l (Raucher)			
Blei	vB U, 24h	50 - 270 µg/l 3 - 18 µg/l	> 1000 µg/l > 250 µg/l	> 4800nmol/l > 1200nmol/l	4,8
Bromide	S	nicht nachweisbar	> 150 mg/dl	> 17 mmol/l	0,11
Cadmium	vB U, 24h	0,32 - 2,72 µg/l 0,12 - 2,58 µg/l	> 15 µg/l	> 133 nmol/l	8,896
Cannabis	U	< 0,05 mg/l			
Carbamazepin	S	4 - 10 mg/l	> 15 mg/l		
Carboxy-hämoglobin	vB	**Nichtraucher**: 0,4 - 1,6% Hb **Raucher**: 3 - 6% Hb	**tox.**: > 55% Hb **letal**: > 50% Hb		
Chinidin	S	2 - 5 mg/l	> 6 mg/l	> 18,5 mmol/l	3,08
Chlor-amphenicol	S	**max.**: 10 - 25mg/l **min.**: < 5 mg/l	> 25 mg/l		
Chlorbenzol	vB	< 17 µg/l			
Chloroform	S	< 2 µg/l			
Chloroquin	P		> 1 mg/l		
Ciclosporin	S	100 - 300 µg/l	> 400 µg/l		

Messgröße	S.	Therapeutischer bzw. Normbereich	Toxischer Bereich (konv.)	Toxischer Bereich (SI)	Umr.-F.
Clonazepam	S	0,03 - 0,06 mg/l	> 0,1 mg/l		
Cocain	P		> 0,5 mg/l		
Coffein	S	5 - 20 mg/l	> 20 mg/l		
Cyanid	vB S U	< 4 µmol/l < 80 µmol/l < 90 µmol/l			
DDT (Dichlor-diphenyl-trichlorethan	vB	< 2,5 µg/l Fettgewebe: < 92 µg/kg Fett Muttermilch: < 1,51 mg/kg Milchfett			
Desipramin	S	150 - 250 µg/l	> 500 µg/l		
Diazepam	P		> 3 - 5 mg/l		
Diglykol	S	< 1mg/l			
Digitoxin	S	10 - 25 µg/l	> 30 µg/l		
Digoxin	S	0,8 - 2,0 µg/l	> 2,4 µg/l	> 3,1 nmol/l	1,28
Dihydrocodein	P		> 1 mg/l		
Disopyramid	S	2 - 5 mg/l	> 7 mg/l		
Ethanol	vB		leichte Intox.: 0,5 - 1,5 g/l mäßige Intox.: 1,5 - 2,5 g/l schwere Intox.: 2,5 - 3,5 g/l Lebensgefahr: > 3,5 g/l	 11- 33 mmol/l 33-55 mmol/l 55-77 mmol/l > 77 mmol/l	 22	

Messgröße	S.	Therapeutischer bzw. Normbereich	Toxischer Bereich (konv.)	Toxischer Bereich (SI)	Umr.-F.
Ethosuximid	S	40 - 100 µg/ml	> 150 mg/l		
Ethylacetat (Essigsäure-ethylester)	vB	< 100 µg/l			
Ethylenglykol	P		> 300 mg/l		
Flucytosin	S	max: 50 - 100 mg/l min: 25 - 50 mg/l	> 125 mg/l		
Flunitrazepam	P		> 0,05 mg/l		
Formaldehyd	U	< 15 mg/g Crea			
Gentamicin	S	max.: 5 - 10 mg/l min.: 0,5 - 1,5 mg/l	max.: > 12 mg/l min.: > 2 mg/l		
Gluthetimid	P		> 40 mg/l		
Gold	S	< 10 µg/dl therap.: 38 - 500 µg/dl	> 500 µg/dl		
Haloperidol	P		> 0,5 mg/l		
Hexachlor-benzol	vB	< 1,2 µg/l **Fettgewebe:** < 460 µg/kg Fett **Muttermilch:** < 1,05 mg/kg Milchfett			
n-Hexan	vB	< 10 µg/l			
Imipramin	S	150 - 250 µg/l	> 500 µg/l		
Lamotrigin	S	0,5 - 4,5 mg/l Kinder: < 15 mg/l	> 5 mg/l		

Messgröße	S.	Therapeutischer bzw. Normbereich	Toxischer Bereich (konv.)	Toxischer Bereich (SI)	Umr.-F.
Lidocain	S	1,5 - 5 mg/l	> 7 mg/l		
Lithium	S	0,3 - 1,3 mmol/l	> 1,5 mmol/l		
Methadon	S	0,15 - 0,4 mg/l			
Methanol	vB	< 15 mg/dl	> 20 mg/dl		
Methaqualon	P		> 40 mg/l		
Methotrexat	S		> 10 µmol/l 24h nach Gabe > 0,5 µmol/l 48h nach Gabe > 0,05 µmol/l 72h nach Gabe		
Midazolam	P		> 1,5 mg/l		
Morphin	P		> 0,5 mg/l		
Netilmicin	S	max.: 5 - 12 mg/l min.: 1 - 2 mg/l	> 3 mg/l		
Nikotin	 S U U	Raucher: < 100 µg/l < 15 mg/l Passivraucher: < 32 µg/l			
Opiate	S U	50 - 200 ng/ml Nachweisdauer: 2 - 3 d	V.a. Missbrauch: > 300 ng/ml		
Oxazepam	P		> 2 mg/l		
Paracetamol	P		> 100-150 mg/l		
Parathion	P	< 10 µg/l	> 200 µg/l		

Messgröße	S.	Therapeutischer bzw. Normbereich	Toxischer Bereich (konv.)	Toxischer Bereich (SI)	Umr.-F.
Pentachlor-phenol	S U	< 25 µg/l < 25 µg/l Muttermilch: < 1,47 µg/l			
Permethrin	vB	< 0,2 µg/l			
Phenobarbital	S	10 - 40 mg/l	> 90 mg/l	> 390 µmol/l	4,31
Phenol (Abbau von Benzol)	U	< 15 mg/l			
Phenytoin	P	10 - 20mg/l Ngb., Kinder < 3 Mo: 6 - 14 mg/l	> 30 mg/l	> 120 µmol/l	3,96
Primidon	S	5 - 15 mg/l	> 15 mg/l		
Procainamid	S	4 - 10 mg/l	> 16 mg/l		
Propanolol	P		> 1 - 3 mg/l		
Quecksilber	vB U, 24h	< 7,2 µg/l < 26,4 µg/l < 38,9 µg/g Crea	**leichte Intox.:** 10 - 50 µg/l (50 - 250 nmol/l) **schwere Intox.:** > 50 µg/l (> 250 nmol/l) **leichte Intox.:** 30 - 200 µg/l (150 - 1000 nmol/l) **schwere Intox.:** > 200 µg/l (> 1000 nmol/l)		4,99
Salizylate	P	20 - 25mg/dl	> 30mg/dl	> 2,2 mmol/l	0,07

Messgröße	S.	Therapeutischer bzw. Normbereich	Toxischer Bereich (konv.)	Toxischer Bereich (SI)	Umr.-F.
Tacrolimus	S	5 - 15 µg/l	> 20 µg/l		
Teicoplanin	S	**min.:** 5 - 60mg/l			
Tetrachlorethen (Perchlorethylen, Per)	vB	< 2 µg/l			
Thallium	vB U, 24h	< 5 µg/l 0,05 - 20 µg/l	> 50 µg/l > 50 µg/l	> 300 nmol/l > 300 nmol/l	5,92
Theophyllin	S	8 - 20mg/l **Frgb.:** 6 - 11 mg/l	> 20 mg/l		
Tobramycin	S	**max.:** 5 - 10mg/l **min.:** 0,5 - 1,5 mg/l	**max.:** > 12 mg/l **min.:** > 2 mg/l		
Toluol	vB	Nichtraucher: < 1,14 mg/l			
Valproinat	S	50 - 100 mg/l	> 200 mg/l		
Vancomycin	S	**max.:** 20 - 40 mg/l **min.:** 5 - 10 mg/l	**max.:** > 40 mg/l **min.:** > 10 mg/l		
Wismut	P		> 100 µg/l		

9. Körperflüssigkeiten

9.1. Urin

9.1.1. Klinisch-chemische Urinwerte

Messgröße	S.	Messwert (konv.)	Messwert (SI)	Umr-F.
Adenosin-Monophosphat, zyklisch (cAMP)	U, 24h	1,9 - 4,6 µmol/g Kreatinin		
Adrenalin	U, 24h	**Erw.:** 4 - 20 µg/24h < 2J: < 3µg/24h 2 - 8J: < 6µg/24h 9 - 16J: < 10µg/24h	22 - 109 nmol/l	5,5
Albumin	U, 24h U	< 30mg/24h < 10 mg/g Kreatinin im Serum	< 1,13 mg/mmol Kreatinin im Serum	0,11
Aldosteron, frei	U, 24h	60 - 320 µg/24h	14 - 53 nmol/24h	2,774
Aldosteron-18-Glucuronid	U, 24h	3,5 - 17,5 µg/24h	6,3 - 32 nmol/24h	1,81
α_2-Makroglobulin	U	< 10 mg/g Kreatinin	< 1,13 mg/mmol Kreatinin	0,11
α_1-Mikroglobulin	U	< 8 mg/l < 14 mg/g Kreatinin	< 1,58 mg/mmol Kreatinin	0, 11
Ammonium	U, 24h	20 - 50 mmol/24h		
Amylase	U	35 - 260 Somogyi units/h		
Ascorbinsäure	U	1 - 7 mg/dl		
β_2-Mikroglobulin	U	< 0,4 mg/l		

Messgröße	S.	Messwert (konv.)	Messwert (SI)	Umr-F.
β-N-Acetyl-glucosaminidase (NAG)	U	< 5 U/g Kreatinin		
Calcium	U, 24h	0,10 - 0,40 g/24h	< 3,8 mmol/d	
Chlorid	U, 24h	110 - 225 mmol/24h		
Chrom	U	< 0,5 µg/l	2,4 nmol/l	4,893
Cobalt	U	< 1,0 µg/l	< 17 nmol/l	16,968
Cortisol	U, 24h	20 - 90 µg/24h 1 - 10J: 2 - 27 µg/24h 11 - 20J: 5 - 55 µg/24h	55 - 248 nmol/24h 6 - 74 nmol/24h 14 - 152 nmol/24h	2,759
Creatin	U, 24h	**M:** < 50mg/24h **F:** < 100mg/24h	< 380 pmol/24h < 760 pmol/24h	7,625
Kreatinin	U, 24h	1,0 - 1,6 g/24h	8,8 - 14 mmol/l	8,84
Cystin/Cystein	U, 24h	10 - 100 mg/24h	0,08-083 mmol/24h	0,083
δ-Amino-lävulinsäure	U, 24h	< 6 mg/l oder < 7,5 mg/24h	< 45,8 µmol/l < 57 µmol/24h	7,63
11-Desoxycortico-steron (DOC)	U, 24h	0,1 - 0,4 µg/24h		
Dopamin	U, 24h	190 - 450 µg/24h **< 1J:** < 85 µg/24h **1 - 2J:** < 140 µg/24h **3 - 4J:** < 260 µg/24h	1,26 - 2,98 µmol/l	0,0065
Eisen	U, 24h	< 100 µg/24h	< 1,8 µmol/24h	0,018
Eiweiß	U, 24h U	< 150 mg/24h < 100 mg/g Kreatinin	< 0,15 g/24h	0,1

Messgröße	S.	Messwert (konv.)	Messwert (SI)	Umr-F.
Fluorid	U, 24h	< 1 mg/24h	< 0,053 mmol/24h	0,053
Follikelstimulierendes Hormon (FSH)	U, 24h	Follikelphase: 11,1 - 19,9 IU/l Postmenopause: 10,4 - 86,6 IU/l		
Fruktose	U, 24h	30 - 65 mg/24h	0,17 - 0,36 mmol/24h	0,056
Glukose (Oxidase-Meth.)	U, 24h	< 150 mg/l 50 - 300 mg/24h	< 0,84 mmol/l 0,3 - 1,7 mmol/24h	0,0055
Guanosinmonophosphat, zyklisches (cGMP)	U		< 1 µmol/g Crea	
Harnsäure	U, 24h	< 800 mg/24h bei Normalkost < 0,8 mg/mg Crea	< 4,8 mmol/24h	0,0059
Harnstoff	U, 24h	18 - 33 g/24h	0,3 - 0,55 mol/24h	0,017
Harnstoff-N	U, 24h	9 - 16 g/24h	0,6 - 1,1 mol/24h	0,07
Humanes Choriongonadotropin (HCG)	U	Männer und prämenopausale Frauen: < 5 IU/l postmenopausale Frauen: < 10 IU/l		
17-Hydroxycorticosteroide	U, 24h	2 - 10 mg/24h (Männer etwas mehr) < 1J: < 1,1 mg/24h 1 - 10 J: 1,0 - 4,9 mg/24h 11 - 16 J: 2,0 - 8,0 mg/24h	5,5 - 28 µmol/24h	2,759

Messgröße	S.	Messwert (konv.)	Messwert (SI)	Umr-F.
18-Hydroxy-corticosteron (18-OHB)	U, 24h	1,5 - 6,5 µg/24h		
Hydroxyprolin	U, 24h	Erw.: 10 - 50 mg/24h < 2 J: 23 - 53 mg/24h 2 - 8 J: 40 - 88 mg/24h 9 - 10 J: 71 - 113 mg/24h 11 - 12 J: 83 - 180 mg/24h 13 - 14 J: 70 - 199 mg/24h 15 - 16 J: 60 - 160 mg/24h		
Hydroxyindol-essigsäure (5-HIES)	U, 24h	2 - 9 mg/24h	10 - 47 µmol/24h	5,23
Immunglobulin G	U	< 10 mg/g Kreatinin	< 1,13 mg/mmol Kreatinin	0,11
Kalium	U, 24h	2,0 - 4,0 g/24h	25 - 100 mmol/24h	
Katecholamine	U, 24h			
Noradrenalin	U, 24h	23 - 105 µg/24h	136 - 620 nmol/l	5,9
Adrenalin	U, 24h	4 - 20 µg/24h	22 - 109 nmol/l	5,5
Dopamin	U, 24h	190 - 450 µg/24h	1260 - 2980 nmol/l	6,5
Metanephrine (ges.)	U, 24h	< 1mg/24h	< 5000 nmol/l	5,1
Metanephrin	U, 24h	74 - 297 µg/24h	375 - 1506 nmol/l	5,5
Normetanephrin	U, 24h	105 - 354 µg/24h	573 - 1932 nmol/l	5
Vanillinmandels.	U, 24h	3,3 - 6,5 mg/24h	17 - 33 µmol/l	5,1
Ketonkörper	U, 24h	10 - 100 mg/24h < 50 mg/l		

Messgröße	S.	Messwert (konv.)	Messwert (SI)	Umr-F.
17-Ketosteroide	U, 24h	**M:** 7 - 25 mg/24h **F:** 4 - 15 mg/24h **< 1 J: < 1 mg/24h** **1 - 6 J: < 2 mg/24h** **7 - 10 J: 1 - 4 mg/24h** **11 - 15 J: 3 - 10 mg/24h**	24 - 88 µmol/24h 14 - 52 µmol/24h	3,467
Koproporphyrin	U, 24h	14 - 78 µg/24h	21 - 119 nmol/24h	1,5
Kupfer	U, 24h	10 - 60 µg/24h 3 - 67 µg/g Crea	0,16-0,94µmol/24h 6 - 119 µmol/24h	0,0157 1,781
Laktose	U, 24h	14 - 40 mg/24h	41 - 116 µmol/24h	2,9
Luteinisierendes Hormon (LH)	U, 24h	Follikelphase: 10,3 - 25,3 IU/l Postmenopause: 20,1 - 78,1 IU/l		
Lysozym	U	< 1,5 µg/ml	< 1,5 mg/l	1
Magnesium	U, 24h	6 - 8,5 mval/24h	3 - 4,3 mmol/24h	0,5
Mangan	U	< 1,5 µg/l		
Metanephrin	U, 24h	74 - 297 µg/24h	375 - 1506 nmol/l	5,1
Methanol	U	< 5 mg/dl		
Molybdän	U	10 - 16 µg/l	104 - 167 nmol/l	10,423
Muzine	U, 24h	100 - 150 mg/24h		
Myoglobin	U	< 20 ng/ml < 17 µg/g Crea		
Natrium	U, 24h	3 - 6 g/24h	100 - 260 mmol/l	
Neopterin	U		< 190 µmol/mol Crea	
Nickel	U, 24h	0,7 - 5,2 µg/l	11,9 - 88,6 nmol/l	17,04

Messgröße	S.	Messwert (konv.)	Messwert (SI)	Umr-F.
Noradrenalin	U, 24h	**Erw.:** 23 - 105 µg/24h < 2J: < 34 µg/24h 2 - 8J: < 56 µg/24h 9 - 16J: < 72 µg/24h	136 - 620 nmol/l	5,9
Normetanephrin	U, 24h	105 - 354 µg/24h	573 - 1932 nmol/l	
Osmolalität	U	50 - 1200 mosm/kg		
Oxalat	U, 24h	Enzymatisch: 7,1 - 44,0 mg/24h	0,08 - 0,49 mmol/l	0,011
pH	U	5,5 - 7,0		
Phosphor, anorg.	U, 24h	0,5 - 1 g/24h	15,5 -31 mmol/24h	31
Porphobilinogen	U, 24h	0,1 - 1,7 mg/24h	0,4 - 7,5 µmol/24h	4,4
Porphyrine	U, 24h	< 100 µg/24h	< 120 nmol/24h	1,2
Protoporphyrine	U, 24h	< 20 µg/24h	< 24 nmol/24h	1,2
Pyridinolin	U	120 - 260 µg/g Crea		
Säure, titrierbar Säure, gesamt	U, 24h	20 - 40 mmol/24h 40 - 80 mmol/24h		
Selen	U, 24h	5 - 30 µg/24h	0,06-0,38µmol/24h	0,0127
Spezif. Gewicht	U	1002 - 1030		
Tetrahydro-Aldosteron	U, 24h	10 - 70 µg/24h		
Trypsinogen-2	U	0,3 - 11 ng/ml		
Urinvolumen	U, 24h	600 - 2500 ml/24h		
Urobilinogen	U, 24h	1 - 3,5 mg/24h	1,7 - 5,9 µmol/24h	1,693
Uroporphyrin	U, 24h	< 3 - 24 µg/24h	4 - 29 nmol/24h	1,2

Messgröße	S.	Messwert (konv.)	Messwert (SI)	Umr-F.
Vanillin-mandelsäure	U, 24h	3,3 - 6,5 mg/24h	17 - 33 µmol/l	5
Vit B1 (Thiamin)	U, 24h U	50 - 250 µg/24h > 65 µg/g Kreatinin		
Vit B2 (Riboflavin)	U	> 80 µg/g Kreatinin		
Zink	U, 24h	0,15 - 2,1 mg/24h	2,3- 18,4 µmol/24h	15,3

9.1.2. Urinsediment

Messgröße	Messwert
Erythrozyten	< 5/µl
Erythrozytenzylinder	< 3/Gesichtsfeld
isomorphe	n.n. (typisch bei tubulärem Ursprung)
dysmorphe	n.n. (typisch bei glomerulärem Ursprung)
Leukozyten	< 10/µl < 5/Gesichtsfeld
Zylinder	
Erythrozytenzylinder	- n.n. (typisch bei glomerulärem Ursprung)
Leukozytenzylinder	- n.n. (typisch bei interstitiellen Nephritiden)
Hyaline Zylinder	- in kleiner Menge nachweisbar, (in großer Menge bei Proteinurie)
Hämoglobinzylinder	- n.n. (wie Erythrozytenzylinder)
Epithelien	n.n. (unspezifisch)

9.2. Stuhl

Messgröße	Messwert (konv.)	Messwert (SI)	Umr-F.
α_1-Antitrypsin	0,81 - 1,15 g/TG Stuhl		
Bikarbonat	40 mmol/l		
Calcium	16 mmol/24h		
Chlorid	16 mmol/l		
Chymotrypsin	> 3 U/g		
Coproporphyrin	400 - 1000 mg/24h	600-1500 nmol/24h	1,53
Fett	(bei Mindestzufuhr von 50g Fett/Tag) < 6 g/24h (3,5 - 5,5 g/24h) < 30,4 %/TG Stuhl		
Fettabsorptions-quotient	> 95%		
Fettsäuren freie verseifte	 1 - 10% /TG 0,5 - 12% /TG		
Kalium	75 mmol/l		
Magnesium	7,2 mmol/24h		
Natrium	32 mmol/l		
Osmolalität	375 mosm/kg		

Messgröße	Messwert (konv.)	Messwert (SI)	Umr-F.
Pankreat. Elastase 1	175 - 2500 µg/g Stuhl leichte bis mittl. Pankreasinsuff.: 100 - 175 µg/g Stuhl schwere Pankreasinsuff.: < 100 µg/g Stuhl		
pH	6,5 - 7,5		
Proteingehalt	1 - 2% /TG Stuhl		
Stickstoff	< 1,7 g/24h (1,2 - 1,6 g/24h)		
Stuhlmenge Trockengewicht (TG) Nassgewicht (NG)	 < 66,4 g/24h (19 - 49 g/24h) < 197,5 g/24h (74 - 155 g/24h)		
Stuhlzusammen-setzung	Wasser: 75% feste Stoffe: 25% davon: Bakterien: 30 - 40% Fett: 10 - 20% anorg. Salze:10 - 20% unverdaute Faserstoffe: 30% Proteine:1 - 2%		
Urobilinogen	40 - 280 mg/24h	68 - 470 µmol/24h	1,69
Uroporphyrin	10 - 40 µg/24h	12 - 48 nmol/24h	1,2

9.3. Synovialflüssigkeit

Messgröße	Messgröße (konventionelle Einheit)
Gesamteiweiß	11 - 22 g/l
Glukose	60 - 95 mg/dl
Harnsäure	< 7 mg/dl
Laktat	9 - 16 mg/dl
LDH	< 200 U/l
Viskosität	> 3 cm im Fadentest
Volumen	ca. 1 ml
Zelldifferenzierung	ca. 90% Lymphozyten und Monozyten < 25% polymorphkernige Granulozyten
Zellzahl	< 200/µl

9.4. Pleuraflüssigkeit

Messgröße	Transsudat	Exsudat
Amylase		> 500 U/ml
Cholesterin		54 - 83 mg/dl
Erythrozyten	< 10000/µl	> 100000/µl bei Traumen, Neoplasien
Gesamteiweiß Quot. Pleura/Serum	< 3 g/dl < 0,5	> 3 g/dl > 0,5
Glukose	wie Serumglukose	< 60 mg/dl bei TBC < 50mg/dl bei cP, Empyem oder Malignom < 30mg/dl

Messgröße	Transsudat	Exsudat
Laktat	6 - 47 mg/dl	45 - 200 mg/dl
Leukozyten	< 1000/µl	> 1000/µl
LDH Quotient Pleura/Serum	< 200 U/l < 0,6	> 200 U/l > 0,6
pH	> 7,2	< 7,2
Spezifisches Gewicht	< 1016	> 1016

9.5. Bronchoalveoläre Lavage (BAL)

Messgröße	Normalwerte
Zellgehalt	2 - 11 x 10^4 Zellen/ml (bei Rauchern höher)
Makrophagen	88 - 92% (bei Rauchern höher)
Granulozyten Neutrophie Eosinophile	1 - 3% < 2,3% < 0,5%
Lymphozyten	6 - 12%
Lymphozyten subpopulationen (median in % der Lymphozyten): **T-Zellen** CD4 CD8 **B-Zellen**	 70,3% 44,4% 20,7% 3,2%
CD4/CD8	1 - 3%

9.6. Aszitespunktat

Messgröße	Messwert (konventionelle Einheit)
Amylase	Amylase Aszites/Amylase Serum > 1 ⇒ Pankreatitis
Cholesterin	im Mittel 70 mg/dl ⇒ Malignom im Mittel 20 mg/dl ⇒ Leberzirrhose > 1000 mg/dl ⇒ Biliäre Zirrhose
Fibronektin	> 75 mg/l ⇒ Malignom < 75 mg/l ⇒ Rechtsherzinsuffizienz, bakt. Peritonitis, Pankreatitis, biliäre Zirrhose
Gesamteiweiß	< 2,5 g/dl ⇒ Transsudat > 2,5 g/dl ⇒ Exsudat
Laktat	> 25 mg/dl ⇒ bakt. Peritonitis
LDH	> 500 U/l ⇒ Malignom
pH	< 7,3 ⇒ bakt. Peritonitis
Plasminogen	> 0,8 CTA U/l ⇒ gute Prognose bzgl. Blutung nach peritoneovenösem Shunt
Spezifisches Gewicht	< 1016 ⇒ Transsudat > 1016 ⇒ Exsudat
Zellen	20 - 100 Zellen/µl (v.a Endothelzellen, Lymphozyten) ⇒ Transsudat 300 - 1000 Leukozyten/µl ⇒ Pankreatitis, Leberzell-Ca > 1000 Leukozyten/µl ⇒ bakt. Peritonitis

9.7. Magensaft

Messgröße	Messwert (konventionelle Einheit)
Azidität, titrierbare (nüchtern)	15 - 35 mval/h
Chlorid	100 - 140 mmol/l
H^+	90 mmol/l
Kalium	10 mmol/l
Magensekretions-analyse	s. gastrointestinale Funktionstest
Natrium	40 - 65 mmol/l
pH	1,6 - 1,8
Volumen 24h basal (nüchtern) nachts	 2 - 3l 30 - 70 ml/h 600 - 700 ml

9.8. Liquor

Messgröße	S.	Messwert (konv.)	Messwert (SI)	Umr-F.
Adenosin-Monophos-phat, zyklisch (cAMP)	L	3 - 30 nmol/l		
Albumin	L	11,0 - 35,0 mg/dl		
Albumin-Quotient (Albumin im Serum/ Alb. im Liquor in mg/dl)	S,L	1 Mo - 6 Mo: > 67 7 Mo - 40J: > 200 41 - 60J: > 144 über 60J: > 125		
Ammoniak	L	25 - 80 µg/dl	15 - 47 µmol/l	0,58
Bilirubin	L	< 0,5 mg/l (bei normalem Serumspiegel)		

Messgröße	S.	Messwert (konv.)	Messwert (SI)	Umr-F.
Chlorid	L	115 - 132 mval/l	115 - 132 mmol/l	1
CO_2-Gehalt	L	20 - 24 mval/l	20 - 24 mmol/l	1
CO_2-Partialdruck	L	45 - 49 mmHg	6 - 7 kPa	0,133
Kreatinin	L	0,5 - 1,9 mg/dl	44 - 168 µmol/l	88,4
Eiweiß	L	15 - 45 mg/dl **bakt. Meningitis:** > 1000 mg/dl **TBC-Meningitis:** bis 500 mg/dl **Virusmeningitis:** bis 100 mg/dl **Enzephalitis:** bis 400 mg/dl **Kompressionssyndrom:** bis 4000 mg/dl **Polyradikulitis:** bis 2000 mg/dl		
Eiweißelektrophorese Präalbumin Albumin α_1-Globulin α_2-Globulin β-Globulin γ-Globulin	L	 3,9 - 8,3% 51,8 - 65,2% 3,1 - 5,9% 3,2 - 6,0% 10,8 - 22,2% 7,1 - 11,9%		
γ-Enolase	L	Erw.: < 3,7 µg/l Kinder 1 - 8J: ≦ 4,8 µg/l		
Glukose	L	45,0 - 70,0 mg/dl	2,5 - 3,9 mmol/l	0,0555
		normal: > 50% des Serumglukosewerts **bakt. Meningitis, TBC-Meningitis:** < 50% des Serumglukosewerts		
Harnsäure	L	0,23 - 0,27 mg/dl	13,7- 16,1 mmol/l	59,48
Harnstoff-N	L	12,3 - 13,4 mg/dl	4,4 - 4,8 mmol/l	0,357
Homovanilinmandels.	L	35 - 85 µg/ml		

Messgröße	S.	Messwert (konv.)	Messwert (SI)	Umr-F.
Hydroxyindolessigsäure	L	0,03 - 0,05 µg/ml		
Immunglobuline	L			
IgA		0,15 - 0,6 mg/dl		
IgG		2 - 4 mg/dl		
IgM		< 0,1 mg/dl		
IgG-Index		< 0,65 (Liquor-IgG x Serum-Alb./Liquor-Alb. x Serum-IgG)		
Kalium	L	2,7 - 3,9 mval/l	2,7 - 3,9 mmol/l	1
Laktat	L	11 - 19 mg/dl	1,2 - 2,1 mmol/l	0,11
Laktatdehydrogenase (LDH)	L	10% der Serum-LDH		
Leukozyten	L			
gesamt		< 4 /mm^3		
Lymphozyten		60 - 70%		
Monozyten		30 - 50%		
Neutrophile		0 - 3%		
Eosinophile		selten		
Ependymale Zellen		selten		
Liquordruck	L	50 - 180 mmH_2O	0,6 - 1,8 kPa	0,012
Liquorvolumen	L	100 - 160 ml **Kinder**: 60 - 100ml		
Magnesium	L	2,0 - 2,5 mval/l	1 - 1,2 mmol/l	0,5
Markscheiden-(Myelin)-Protein, basisches	L	< 4 µg/l		
Natrium	L	137 - 145 mval/l	137 - 145 mmol/l	1
Neopterin	L		3,2 - 5,2 nmol/l	
Osmolalität	L	292 - 297 mosm/kg		

Messgröße	S.	Messwert (konv.)	Messwert (SI)	Umr-F.
O_2-Partialdruck	L	44 - 48 mmHg	5,8 - 6,4 kPa	0,1333
pH	L	7,31 - 7,34		
Phosphor	L	1,2 - 2,0 mg/dl	0,39 - 0,65mmol/l	0,3229
Präalbumin	L	14 - 32 mg/l 3,9 - 8,3%		
Pyruvat	L	0,098 - 0,132 mmol/l		
Spezifisches Gewicht	L	1003 - 1008		
TPHA-Quotient (TPHA-Titer Serum/ TPHA-Titer Liquor)	S, L	Titer < 160 ⇒ V. a. Neurosyphilis Titer > 320 ⇒ keine Neurosyphilis		
Zellen	L	< 5 /µl (< 15/3 Zellen) **bakt. Meningitis:** > 1000/µl **Virusmeningitis:** 100 - 1000/µl **TBC-Meningitis:** 20 - 500/µl		

9.9. Ejakulat

Messgröße	Messwert (konventionelle Einheit)
α-Glucosidase	≧ 11 mU/Ejakulat
Carnitin	> 70 mg/l
Ejakulatvolumen	≧ 2,0 ml/Ejakulat
Elastase	160 ng/ml
Fruktose	≧ 13 µmol/Ejakulat
Leukozyten	< 1 x 10^6/ml
saure Phosphatase	≧ 200 µmol/Ejakulat
pH	

Spermien	
Gesamtzahl	≧ 40 x 10^6/Ejakulat
Konzentration	≧ 20 x 10^6/ml
Beweglichkeit	> 50% mit normaler Progression
Morphologie	> 30% mit normaler Form
Vitalität	≧ 75% vitale Spermatozoen
Verflüssigungszeit	15 - 30 min
Zink	≧ 2,4 µmol/Ejakulat
Zitronensäure	≧ 52 µmol/Ejakulat

9.10. Amnionflüssigkeit

Messgröße	Messwert (termingerechte Schwangerschaft, konventionelle Einheit)
Albumin	0 - 19 g/dl
α-Fetoprotein	**16. SSW:** < 15 IU/ml **20. SSW:** < 10 IU/ml
Bilirubin	< 0,025 mg/dl
Chlorid	wie Serum
Kreatinin	1,8 - 4,0 mg/dl
FLM-II-Test	> 50 mg Surfactant/g Albumin
Gesamteiweiß	0,07 - 0,45 g/dl
Harnsäure	7,67 - 12,13 mg/dl
Harnstoff	18,9 - 41,7 mg/dl
Lamellarkörperchen	> 30000 - 50000/µl
Lezithin	> 5,1 mg/dl
Lezithin/Sphingomyelin-Ratio	> 2,0

Messgröße	Messwert (termingerechte Schwangerschaft, konventionelle Einheit)
Natrium	126 - 135 mmol/l
Östriol	> 0,6 mg/ml
Osmolarität	230 - 270 mosm/l
pCO_2	42 - 55 mmHg
pH	6,91 - 7,43
Phosphatidglycerin, quantitativ	> 5%
Volumen	500 - 1400 ml

9.11. Sonstige Flüssigkeiten

Substrat	Messgröße	Messwert (konv. Einheit)
Körperflüssigkeit	gesamt	**M:** ca. 60% KG **F:** ca. 50% KG **Säugl.:** ca. 75% KG
	intrazellulär	ca. 40% KG
	extrazellulär interstitiell intravasal (Plasmavolumen)	ca. 20% KG ca. 15% KG ca. 5% KG
Flüssigkeitsbilanz		
Aufnahme	Flüssigkeit feste Nahrung Oxidationswasser	1000 - 1500 ml 700 ml 300 ml
Abgabe	Niere Perspiratio insensibilis	1000 - 1500 ml 900 ml

Substrat	Messgröße	Messwert (konv. Einheit)
Abgabe	Darm	100 ml
Blut	gesamt	**M:** 69 ml/kg KG **F:** 65 ml/kg KG
	Plasmavolumen	**M:** 39 ml/kg KG **F:** 40 ml/kg KG
	Erythrozytenzellvolumen	**M:** 30 ml/kg KG (1,15 - 1,21 l/m^2) **F:** 25 ml/kg KG (0,95 - 1,00 l/m^2)
Schweiß	Chlorid Kalium Natrium	3 - 35 mmol/l 5 mmol/l 10 - 40 mmol/l
Sekrete Diarrhoe-Flüssigkeit	Bikarbonat Chlorid Kalium Natrium	30 - 45 mmol/l 20 - 40 mmol/l 35 - 60 mmol/l 25 - 50 mmol/l
Ileostoma-Flüssigkeit	Bikarbonat Chlorid Kalium Natrium	50 - 70 mmol/l 50 - 60 mmol/l 10 mmol/l 120 - 130 mmol/l
biliäre Fisteln	Bikarbonat Chlorid Kalium Natrium	35 - 50 mmol/l 80 - 110 mmol/l 5 mmol/l 135 - 155 mmol/l
pankreatische Fisteln	Bikarbonat Chlorid Kalium Natrium	70 - 90 mmol/l 55 - 75 mmol/l 5 mmol/l 135 - 155 mmol/l

9.12. Speichel

Messgröße	Messwert (konv. Einheit)
Albumin	246 - 344 mg/l
α-Amylase	60 - 282 U/l
Bicarbonat	2 - 13 mmol/l
Calcium	1,2 - 2,8 mmol/l
Chlorid	5 - 40 mmol/l
Cortisol	
8:00 Uhr	0,4 - 1,0 µg/dl
20:00 Uhr	0,08 - 0,13 µg/dl
Gesamtprotein	1,1 - 1,8 g/l
Harnstoff	14 - 75 mg/dl
IgA	42 - 174 mg/l
Kallikrein	0,6 - 63,3 U/l
Kalium	10 - 36 mmol/l
Lactoferrin	0,08 - 1,02 mg/l
Lysozym	5,2 - 32,6 mg/l
Magnesium	0,08 - 0,53 mmol/l
Natrium	2 - 21 mmol/l
pH	5,1 - 7,3
Phosphat	1,4 - 39 mg/dl
Phosphohexoseisomerase	9 - 47 U/l

10. Funktionstests

10.1. Renale Funktionstests

Messgröße	Substrat	Messwert (konventionelle Einheit)
Azidifizierungs-vermögen	U	**Säurebelastung nach Wrong und Davis, pH-Bestimmung nach Ammoniumchlorid-belastung:** pH < 5,3
Kreatinin-Clearance	S, U, 24h	$Crea_{urin}$ x Vol_{urin}/$Crea_{Serum}$ x Zeit (in ml/min/1,73m²) 1 - 2 Monate: 54 - 76 - 1J: 64 - 108 - 16J: 120 - 145 16 - 29J: M. 94 - 140, F. 72 - 110 30 - 39J: M. 85 - 137, F. 71 - 121 40 - 49J: M. 76 - 120, F. 50 - 102 50 - 59J: M. 67 - 109, F. 50 - 98 60 - 69J: M. 54 - 98, F. 45 - 75 70 - 79J: M. 49 - 79, F. 37 - 61 80 - 89J: M. 30 - 60, F. 27 - 55 90 - 99J: M. 26 - 46, F. 26 - 42
Filtratfraktion	S, U, 24h	**Inulin-Clear. / PAH-Clear.:** 15,7 - 22,7%
Glukose-Rück-resorptionskapazität, maximale	S, U, 24h	**Glukoserückresorption n. Glukosebelastung:** **M:** 300 - 450mg/min **F:** 250 - 300 mg/min
Harnsäure-Clearance	S, U, 24h	6,2 - 11,2 ml/min
Inulin-Clearance (glomeruläre Filtrationsrate)	S, U, 24h	**Clearance nach i.v.-Gabe von Inulin:** **M:** 98,2 - 159,8 ml/min **F:** 106,2 - 131,8 ml/min nach Alter: 157 ml/min - (1,16 ml/min x Alter)

Messgröße	Substrat	Messwert (konventionelle Einheit)
Nierendurchblutung (renaler Plasmafluss)	S, U, 24h	**Paraaminohippursäure (PAH) - Clearance:** **M:** 492 - 816 ml/min **F:** 492 - 696 ml/min
Osmolalität	U	**Durstversuch (12h Flüssigkeitsrestriktion):** > 850 mosm/kg oder U, 24h: 300 - 900 mosm/24h
Osmolare Clearance	S, U, 24h	($Osmol_{Urin}$ / $Osmol_{Plasma}$) x Harnzeitvolumen **unter Bedingung der Antidiurese:** 120 ml/h
Phosphat-Clearance $Clear_{phosph}/Clear_{crea}$	S, U, 24h	($Phosphor_{Urin}$/$Phosphor_{Plasma}$) x Harnzeitvolumen **morgendliche Clearance-Bestimmung:** 5,4 - 16,2 ml/min 0,02 - 0,25
Phosphat-exkretionsindex	S, U, 24h	**rechnerisches Verhältnis zwischen Crea-Clear., Phosph.-Clear. und Serumphosphat:** + 0,09 - -0,09
Phosphat-rückresorption, prozentuale tubuläre	S, U, 24h	**Prozentsatz der glomerulär filtrierten Phosphatmenge, die tubulär resorbiert wird:** 84,7 - 97,9%
Phosphat-rückresorption, tubuläres Maximum	S, U, 24h	**tubuläre Phosphatresorption nach Phosphat-Belastung:** 4 - 8 mg/min
Spezifisches Gewicht	U	**Durstversuch (12h Flüssigkeitsrestriktion):** > 1025
Wasserresorption, maximale tubuläre	S, U, 24h	**Harnzeitvolumen (ml/min) abgezogen von der Osmolaren Clearance:** 5 ml/min

10.2. Gastrointestinale Funktionstests

Messgröße	Substr.	Messwert (konv.)	Messwert (SI)	Umr-F
BM-Test-Meconium (Eigenname)	Stuhl	**frisch entleerte erste Portion Mekonium:** Albumin < 20 mg/g Mekonium		
C-Glykocholat-Atemtest	CO_2 im Atem	**Bestimmung der CO_2-Exhalation nach oraler Gabe radioaktiv markierter Glykocholsäure:** Anstieg der CO_2-Exhalation < 0,1% der verabreichten Dosis pro mmol CO_2 x kg		
Deferoxamintest	U, 6h	**Messung von Eisen im Urin nach i.m.-Injektion von 500mg Deferoxamin (bei Kindern zweimalig i.m 10mg/kg KG in 12h, Sammelzeit 24h)** Erwachsene: < 1 mg/6h Kinder: bis 9.Lbj.: < 0,6 mg/24h bis 12. Lbj.: < 1 mg/24h ab 12. Lbj.: < 1,5 mg/24h		
D-Xylose	S, U, 24h	**Messung der Konz. von D-Xylose im Serum und Urin nach Belastung (25g):**		
		Urin: > 4g/5h oder > 16% der oralen Gabe **Serum:** **1h:** > 30 mg/dl **2h:** > 30 mg/dl	> 26,6 mmol/5h > 2 mmol/l > 2 mmol/l	6,66 0,066

Messgröße	Substr.	Messwert (konv.)	Messwert (SI)	Umr-F
Folsäure-Absorptionstest	U, 24h	**Ausscheidung der oral verabreichten Menge Folsäure im Urin**: 38 - 52%		
Lactoferrin-Test	Duod.-saft	nach Sekretinstimulation: < 2 mg/l		
Laktosetoleranztest	vB, cB	**Bestimmung der Blutglukose nach oraler Gabe von 50g Laktose:**		0,055
		vB: Anstieg > 20 mg/dl cB: Anstieg > 25 mg/dl	> 1,11 mmol/l > 1,39 mmol/l	
Magensekretions-analyse	Magen-sekret	**basal acid output** (BAO): 1 - 6 mmol/h		
		peak acid output (PAO, Summe der beiden höchsten Fraktionen nach Pentagastrinstimulation): 20 - 34 mmol/h		
		maximal acid output (MAO, Summe der ersten 4 Fraktionen nach Stimulation): 13 - 25 mmol/l		
NBT-PABA-Test	U, 6h	**nach oraler Gabe von N-Benzoyl-L-Tyrosyl-para-Aminobenzoesäure (NBT-PABA) Messung der renalen Ausscheidung von PABA:** > 50% PABA der verabreichten Dosis		

Messgröße	Substr.	Messwert (konv.)	Messwert (SI)	Umr-F
Pankreolauryltest	U, 10h	**Bestimmung der Fluoreszein-Ausscheidung an zwei verschiedenen Tagen:** Tag 1 (Testtag T): Ausscheidung von Fluoreszein nach oraler Gabe von Fluoreszein-Dilaurat (Verstoffwechselung im Pankreas) Tag 2 (Kontrolltag K): Ausscheidung von Fluoreszein nach oraler Gabe von reinem Fluoreszein: T x 100/K 30		
Schilling-Test	U	**Ausscheidung der oral applizierten Vit B_{12} - Dosis im Urin; Test mit und ohne intrinsic factor:** 7 - 40% (Anstieg der Urinexkretion auf das 4-fache bei chronisch-atrophischer Gastritis Typ A nach Gabe von intrinsic factor)		
Sekretin-Pankreozymin-Test	Duod.-saft	**Bestimmung von Pankreasparametern nach Injektion von Sekretin und Pankreozymin (Cholezystokinin):** Flüssigkeitssekretion: 1,8 - 5,8 ml/min max. frakt. Bikarbonatkonz.: 70 - 125 mmol/l Sekretionsleistung für Bikarbonat: 130 - 400 µmol/l Amylase: 400 - 1780 U/min Lipase: 780 - 3500 U/min Chymotrypsin: 28 - 154 U/min Trypsin: 16 - 61 U/min		

Messgröße	Substr.	Messwert (konv.)	Messwert (SI)	Umr-F
Sekretin-provokationstest	S	**Gastrinbestimmung vor und nach (2min, 5min, 15min, 30min) i.v.-Gabe von 2E Sekretin/kg KG**. Pathologisch: 100%iger Anstieg von Gastrin oder > 200 pg/ml nach 2 - 10 min		
Vitamin-A-Test	S	**Anstieg nach oraler Gabe von 600000IE Vit A im Serum**:		
		nüchtern: 40 - 67 µg/dl nach Testdosis: Anstieg > 500µg/dl	 1,4 - 2,34 µmol/l > 17,5 µmol/l	 0,0349
Vitamin-C-Exkretionstest	U	Exkretion von 60 - 80% der verabreichten Dosis durch die Niere		

11. Herz-Kreislauf

11.1. Elektrokardiogramm (EKG)

11.1.1. Schema der elektrischen Herzaktion

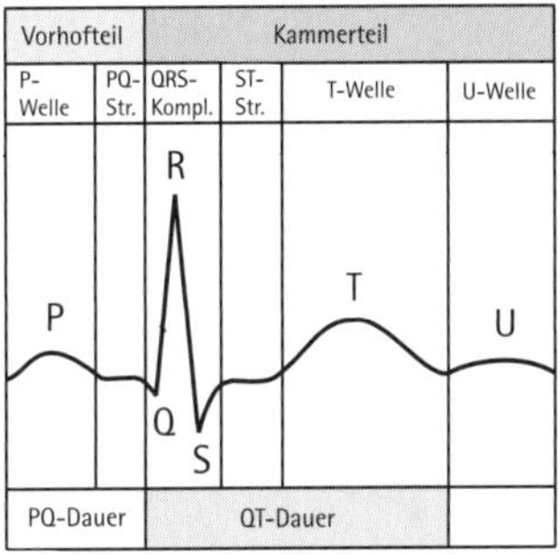

Abb.: Normales EKG

11.1.2. Normgrößen

EKG-Anteil	Definition	Dauer (in s)	Amplitude
P-Welle	Vorhoferregungswelle	0,05 - 0,10	< 0,25 mV od. < 2,5mm
PQ-Zeit	Erregungsüberleitungszeit (bei Herzfrequenz 50 - 130/min)	0,12 - 0,20	
Q-Zacke	Ventrikelseptumerregung	< 0,03	< 1/4 der R-Amplitude
S-Zacke		< 0,06	

EKG-Anteil	Definition	Dauer (in s)	Amplitude
QRS-Komplex	Erregungsausbreitung der Ventrikel	0,06 - 0,10	R-Zacke > 0,6 mV
ST-Strecke	vollständige Erregung der Ventrikel		isoelektrisch
T-Welle	Erregungsrückbildungwelle		1/6 - 2/3 der R-Zacke
QT-Strecke	Dauer der gesamten Erregungsausbreitung und -Rückbildung (bei Herzfrequenz 50 - 130/min)	0,27 - 0,43	

11.1.3. Herzfrequenz/RR-Intervall (Stimulationsintervall bei Schrittmachern)

HF (min^{-1})	RR-Int. (ms)	HF (min^{-1})	RR-Int. (ms)	HF (min^{-1})	RR-Int. (ms)	HF (min^{-1})	RR-Int. (ms)
20	3000	**120**	500	**220**	273	**320**	188
30	3000	**130**	462	**230**	261	**330**	182
40	1500	**140**	429	**240**	250	**340**	179
50	1200	**150**	400	**250**	240	**350**	171
60	1000	**160**	375	**260**	231	**360**	167
70	857	**170**	353	**270**	222	**370**	162
80	750	**180**	333	**280**	214	**380**	158
90	667	**190**	316	**290**	207	**390**	154
100	600	**200**	300	**300**	200	**400**	150
110	545	**210**	286	**310**	194		

11.1.4. Maximale PQ-Zeit und relative QT-Zeit in Abhängigkeit von der Herzfrequenz

Herzfr.	PQ-Zeit	relative QT-Zeit (80%)	relative QT-Zeit (90%)	relative QT-Zeit (100%)	relative QT-Zeit (110%)	relative QT-Zeit (120%)
50	0,21	0,34	0,38	**0,43**	0,47	0,51
60	0,2	0,31	0,35	**0,39**	0,43	0,47
70	0,19	0,29	0,32	**0,36**	0,4	0,43
80	0,18	0,27	0,3	**0,34**	0,37	0,41
90	0,17	0,25	0,29	**0,32**	0,35	0,38
100	0,16	0,24	0,27	**0,3**	0,33	0,36
110	0,15	0,23	0,26	**0,29**	0,32	0,35
120	0,14	0,22	0,25	**0,28**	0,3	0,33
130	0,13	0,21	0,24	**0,27**	0,29	0,32

Bazett-Formel:
zur Berechnung der frequenzkorrigierten QT-Dauer (QTc):

$$QTc = \frac{QT}{\sqrt{R - R - Intervall}}$$

11.1.5. Kalibration:

Standard-EKG-Geschwindigkeit: 50mm/s (10mm entsprechen 0,2s)
Standard-EKG-Amplitude: 10 mm Amplitudenhöhe entspricht 1 mV ⇒

$$Herzfrequenz = \frac{60s}{R - R - Intervall}$$

⇒ geschätzt: Anzahl der QRS-Komplexe auf einem 30 cm langen Streifen multipliziert mit 10 (ungenau)

11.1.6. Lagetypen

Abb.: Cabrera-Kreis
(Lagetypen)

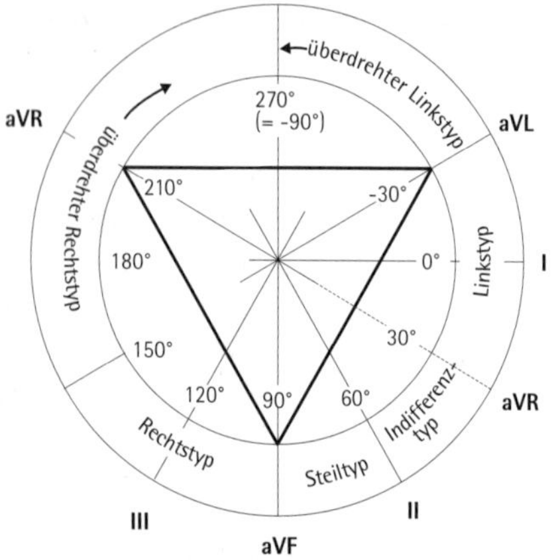

Lagetyp	Winkel
Überdrehter Linkstyp	< - 30°
Linkstyp	zwischen - 30° und + 30°
Normtyp (Indifferenztyp)	zwischen + 30° und + 60°
Steiltyp	zwischen + 60° und + 90°
Rechtstyp	zwischen + 90° und + 120°
Überdrehter Rechtstyp	> + 120°
Sagittaltyp	S in I, II, III; S_I-Q_{III}-Typ

11.1.7. Hypertrophiekriterien

Sokolow-Lyon-Index der Linksherzbelastung:	$S_{V1} + R_{V5} \Rightarrow 3{,}5mV$
Lewis-Index der Linksherzbelastung:	$R_{I} + S_{III} - S_{I} - R_{III} \Rightarrow 1{,}6mV$
Sokolow-Index der Rechtsherzbelastung:	$R_{V1} + S_{V5} \Rightarrow 1{,}05mV$

11.1.8. Infarktlokalisationen (bzgl. ST-Hebungen)

Abl.	antero-septal	apikal	antero-lateral	inferior	infero-lateral	posterior	re-ventrikulär
I	(X)	(X)	X				
II				X	(X)		
III				X	X	(X)	
aVL	(X)	(X)	X				
aVF				X	X	(X)	
V1							
V2	X						
V3	X	X					
V4		X	X				
V5			X		X		
V6			X		X		
V7					X	X	
V8					X	X	
V9						X	
V3r							X
V4r							X
V5r							X
V6r							X

11.1.9. Ergometrie

Abb.: EKG, ST-Senkung, Ischämiereaktion

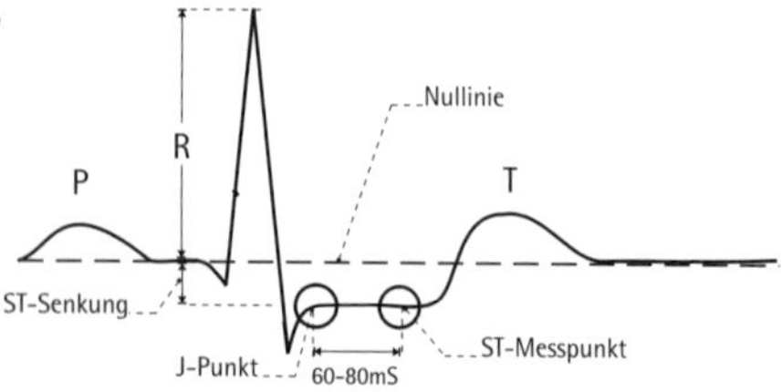

11.1.10.Signifikante Ischämiekriterien

ST-Hebungen	> 0,1mV
ST-Senkungen	horizontale oder deszendierende ST-Senkung > 0,1mV in den Extremitäten oder > 0,2mV in den Brustwandableitungen
	langsam aszendierende ST-Senkung 0,06-0,08s nach J-Punkt > 0,2mV
	J-Punkt-Senkung > 0,2mV

11.1.11.Belastungskriterien

Herzfrequenz Maximale Belastungs-Herzfrequenz: 220 - Lebensalter
Submaximale Belastungs-Herzfrequenz: 200 - Lebensalter

Leistung (Watt) Maximalbelastungs-Sollwerte, bezogen auf 1,73m² Körperoberfläche (in Klammern Werte für körperlich Trainierte)

Alter (Jahre)	20 - 30	31 - 40	41 - 50	51 - 60	61 - 70	71 - 80
Männer (W)	170(-230)	140(-200)	110(-200)	110(-170)	80(-140)	50
Frauen (W)	140(-170)	110(-170)	110(-140)	80 (-110)	80(-110)	50

11.1.12. Referenzwerte für arteriellen Blutdruck unter Belastung

Alter	RR syst.	RR diast.
20 - 39 J.	134 + 0,277 x Leistung (Watt)	82 - 0,046 x Leistung (Watt)
> 40 J.	148 + 0,345 x Leistung (Watt)	90 - 0,096 x Leistung (Watt)
	RR-Werte von 250/140 mmHg sollten nicht überschritten werden!	

11.2. Ultraschallkardiogramm (UKG)

11.2.1. Echokardiografie der Herzhöhlen

Parameter	Normwerte
Wanddicken, Durchmesser im M-Mode	
Rechtsventr. ant. Wanddicke, enddiast. Dicke (RVAW-EDD)	< 5 mm
Interventrikuläres Septum, enddiastolische Dicke (IVS-EDD)	6 - 12 mm
Linksventrikuläre post. Wand, enddiast. Dicke (LVPW-EDD)	6 - 12 mm
IVS/LVPW	1,3:1
Diameter, M-Mode	
Rechter Ventrikel, enddiastolischer Durchmesser (RV-ED)	9 - 26 mm
Rechter Ventrikel, endsystolischer Durchmesser (RV-ES)	15 - 22 mm
Rechtsventr. Ausstromtrakt, midsyst. Durchmesser (RVOT-MS)	19 - 29 mm
Linker Ventrikel, enddiast. Durchmesser (LV-ED)	37 - 56 mm
Linker Ventrikel, endsyst. Durchmesser (LV-ES)	27 - 37 mm
Linker Vorhof, maximaler Durchmesser, endsystolisch (LA-ES)	18 - 39 mm
Aortenwurzel, maximaler Durchmesser, enddiastolisch (Ao-ED)	21 - 44 mm

Parameter	Normwerte
Linksventr. Ausstromtrakt, midsyst. Durchmesser (LVOT-MS)	17 - 26 mm
Aortenklappen-Öffnungsamplitude	15 - 22 mm
Diameter, apikaler Vierkammerblick, bezogen auf KOF im 2-D-Mode:	
Rechter Vent., enddiast. Ø, lange Achse (RV-LAX-ED)	36 - 46 mm/m^2
Rechter Vent., endsyst. Ø, lange Achse (RV-LAX-ES)	25 - 35 mm/m^2
Rechter Vent., enddiast. Ø, kurze Achse (RV-SAX-ED)	13 - 21 mm/m^2
Rechter Vent., endsyst. Ø, kurze Achse (RV-SAX-ES)	9 - 17 mm/m^2
Linker Vent., enddiast. Ø, lange Achse (LV-SAX-ED)	41 - 49 mm/m^2
Linker Vent., endsyst. Ø, lange Achse (LV-LAX-ES)	27 - 35 mm/m^2
Linker Vent., enddiast. Ø, kurze Achse (LV-SAX-ED)	23 - 29 mm/m^2
Linker Ventrikel, endsyst. Ø, kurze Achse (LV-SAX-ES)	14 - 20 mm/m^2
Rechter Vorhof, enddiast. Ø, lange Achse (RA-LAX-ED)	11 - 17 mm/m^2
Rechter Vorhof, endsyst. Ø, lange Achse (RA-LAX-ES)	19 - 27 mm/m^2
Rechter Vorhof, enddiast. Ø, kurze Achse (RA-SAX-ED)	11 - 19 mm/m^2
Rechter Vorhof, endsyst. Ø, kurze Achse (RA-SAX-ES)	14 - 22 mm/m^2
Linker Vorhof, enddiast. Ø, lange Achse (LA-LAX-ED)	11 - 19 mm/m^2
Linker Vorhof, endsyst. Ø, lange Achse (LA-LAX-ES)	17 - 25 mm/m^2
Linker Vorhof, enddiast. Ø, kurze Achse (LA-SAX-ED)	9 - 15 mm/m^2
Linker Vorhof, endsyst. Ø, kurze Achse (LA-SAX-ES)	15 - 21 mm/m^2
Diameter herznahen Gefäße, apikaler 4-Kammerblick, 2-D-Mode:	
Aortenwurzel (Ao)	18 - 30 mm
Aorta ascendens (asc Ao)	17 - 41 mm

Parameter	Normwerte
Pulmonalarterie, Klappenebene (PA)	15 - 20 mm
Vena cava inferior (IVC)	15 - 20 mm
Volumina	
nach Teichholz im M-Mode	
Linker Ventrikel, enddiastolisches Volumen (LVEDV)	46 ml
Linker Ventrikel, endsystolisches Volumen (LVESV)	37 ml
nach Simpson, biplan, apikaler 4-Kammerblick im 2-D-Echo:	
Linker Ventrikel, enddiastolischer Volumenindex (LV-EDVI)	M: 66,8 ml/m^2 F: 60,7 ml/m^2
Linker Ventrikel, endsystolischer Volumenindex (LV-ESVI)	M: 26,9 ml/m^2 F: 25,7 ml/m^2
Linker Ventrikel, Schlagvolumenindex (LV-SVI)	M: 28 - 52 ml/m^2 F: 22 - 48 ml/m^2
Linker Ventrikel, Auswurffraktion (LV-EF) Im M-Mode, Durchschnitt Im 2-D-Echo, Durchschnitt	M: 49 - 70% F: 46 - 71% 62% M: 59,2% F: 58,1%
Linksventrikuläre Muskelmasse, berechnet nach Penn-cube-Methode im M-Mode (LVMM) bezogen auf KOF	M: 176 ± 45 g F: 121 ± 40 g M: 96 ± 16g/m^2 F: 80 ± 15 g/m^2
Linksventrikuläre Muskelmasse, berechnet nach Truncated-Elipsoid-Methode im 2-D-Echo bezogen auf KOF	M: 148 ± 26 g F: 108 ± 21 g M: 76 ± 13 g/m^2 F: 66 ± 11 g/m^2

Parameter	Normwerte
Systolische, diastolische Funktion	
Linker Ventrikel, Verkürzungsfraktion, fractional shortening (LV-FS)	25 - 45%
Re. Vent., Verkürzungsfrakt., fractional shortening (RV-FS)	> 21%
Mittlere zirkumferentielle Faserverkürzungs-geschwindigkeit (mean velocity of circumferential fiber shortening, mVcf)	1,0 - 1,9 circ/s
Linker Ventrikel, systolische Wandspannung (meridional)	
endsystolisch peak-Systole	3,0 - 6,2 kPa 11,6 - 20,0 kPa
Änderungsgeschwindigkeit der Wanddicke*	
Interventrikuläres Septum	
relative syst. Verdickung normalisierte Spitzengeschwindigkeit der syst. Verdickung normalisierte Spitzengeschwindigkeit der diast. Verdünnung	40 - 66% 3,1 - 4,7 s^{-1} 2,5 - 4,3 s^{-1}
Linksventrikuläre, posteriore Wand	
relative syst. Verdickung normalisierte Spitzengeschwindigkeit der syst. Verdickung normalisierte Spitzengeschwindigkeit der diast. Verdünnung	46 - 92% 3,2 - 6,0 s^{-1} 4,8 - 13,4 s^{-1}
Spitzengeschw. der post. Wandverdünnung (peak-dh/dt)**	7 - 11 cm/s

* Messung im M-Mode auf der Ebene der Sehnenfäden der Mitralklappe
** Messung im M-Mode auf Höhe der Mitralklappe, parasternal, kurze Achse

11.2.2. Echokardiografie der Herzklappen

Parameter	Normwerte
Mitralklappe (parasternal, lange Achse)	
Öffnungsamplitude	> 17 mm
EF-Gefälle	> 80 mm s^{-1}
ES-Abstand	< 6 mm
Länge des anterioren Segels	16,9 - 23,1 mm
Länge des posterioren Segels	12,3 - 16,7 mm
Durchmesser Mitralklappenanulus, enddiastolisch	22,9 - 30,7 mm
Durchmesser Mitralklappenanulus, endsystolisch	25,7 - 32,5 mm
Aortenklappe	
Öffnungsamplitude	15 - 26 mm
Maximale Blutflussgeschwindigkeit (nach Labovitz) über	
Mitralklappe	0,4 - 1,3 m/s
Trikuspidalklappe	0,3 - 1,0 m/s
Pulmonalisklappe	0,5 - 1,5 m/s
Aortenklappe	0,5 - 1,8 m/s
Aorta asc.	0,5 - 1,5 m/s
Aorta desc.	0,5 - 1,5 m/s
Flussparameter Aorta (nach Gardin)	
V_{max}	0,72 - 1,20 m/s
Ejektionszeit (ejection time, ET)	265 - 325 ms
Akzelerationszeit (acceleration time, AT)	83 - 118 ms
Akzeleration	7,35 - 13,18 m/s^2
Dezeleration	3,90 - 6,30 m/s^2

Parameter	Normwerte	
Flussparameter Pulmonalarterie (nach Gardin)		
V_{max}	0,44 - 0,78 m/s	
Ejektionszeit (ejection time, ET)	280 - 380 ms	
Akzelerationszeit (acceleration time, AT)	160 - 185 ms	
Akzeleration	2,70 - 5,15 m/s^2	
Dezeleration	2,57 - 4,60 m/s^2	
Linksventrikuläre Füllungsparameter (nach Klein)	< 50J	> 50J
Über Mitralklappe		
E-Welle (V_{max} frühdiastolisch)	0,58 - 0,86 m/s	0,48 - 0,76 m/s
A-Welle (V_{max} spätdiastolisch)	0,30 - 0,50 m/s	0,45 - 0,73 m/s
E/A	1,3 - 2,5	0,8 - 1,4
Dezelerationszeit (deceleration time, DT)	159 - 199 ms	174 - 246 ms
Isovolumetrische Relaxationszeit (IVRT)	65 - 87 ms	73 - 107 ms
Über Pulmonalvene (PV)		
PVs-Welle	0,39 - 0,57 m/s	0,62 - 0,80 m/s
PVd-Welle	0,40 - 0,60 m/s	0,29 - 0,47 m/s
PVa-Welle	0,15 - 0,23 m/s	0,09 - 0,37 m/s
Rechtsventrikuläre Füllungsparameter (nach Klein)		
Über Trikuspidalklappe		
E-Welle (V_{max} frühdiastolisch)	0,44 - 0,58 m/s	0,33 - 0,49 m/s
A-Welle (V_{max} spätdiastolisch)	0,19 - 0,35 m/s	0,25 - 0,41 m/s
E/A	1,5 - 2,5	0,94 - 1,74
Dezelerationszeit (deceleration time, DT)	166 - 210 ms	175 - 221 ms
Isovolumetrische Relaxationszeit (IVRT)	65 - 87 ms	73 - 107 ms
Über Vena cava superior (SVC)		
SVCs-Welle	0,32 - 0,5 m/s	0,30 - 0,54 m/s
SVCd-Welle	0,17 - 0,27 m/s	0,17 - 0,27 m/s
SVCa-Welle	0,10 - 0,16 m/s	0,13 - 0,19 m/s

11.2.3. Trikuspidal-Pulmonalklappeninsuffizienz, Graduierung

Grad	Regurgitationsfraktion
Grad I, gering	< 20%
Grad II, mäßig	20 - 40%
Grad III, beträchtlich	40 - 60%
Grad IV, schwer	> 60%

11.2.4. Pulmonalklappenstenose, Graduierung

Grad	Druckgradient ΔP_{max} (mmHg)	Klappenöffnungsfläche (cm^2)
Grad I, leicht	< 25	> 2,0
Grad II, mäßig	25 - 50	1,5 - 2,0
Grad III, beträchtlich	50 - 80	1,0 - 1,5
Grad IV, schwer	> 80	< 1,0

11.2.5. Mitralklappen-Aortenklappeninsuffizienz, Graduierung

Grad	Regurgitationsfraktion
Grad I, gering	< 20%
Grad II, mäßig	20 - 40%
Grad III, beträchtlich	40 - 60%
Grad IV, schwer	> 60%

11.2.6. Mitralstenose, Graduierung

Grad	Druckgradient ΔP_{mean} (mmHg)	Klappenöffnungfläche (cm^2)
Grad I, gering	< 5	2,0 - 2,5
Grad II, mäßig	5 - 10	1,0 - 2,0
Grad III, beträchtlich	10 - 15	0,75 - 1,0
Grad IV, schwer	> 15	0,5 - 0,75

11.2.7. Aortenstenose, Graduierung

Grad	Druckgradient ΔP_{max} (mmHg)	Klappenöffnungfläche (cm^2)
Grad I, gering	< 30	> 1,0
Grad II, mäßig	30 - 60	0,75 - 1,0
Grad III, beträchtlich	60 - 90	0,5 - 0,75
Grad IV, schwer	> 90	< 0,5

11.2.8. Dopplersonografische Normalwerte, Flussgeschwindigkeiten

Parameter	Normwerte
Aorta thorakalis asc. (V_{max})	0,5 - 1,5 m/s
Aorta thorakalis desc. (V_{max})	0,5 - 1,5 m/s
Aorta abdominalis (V_{max})	0,5 - 1,5 m/s
A. iliaca com./ext. (V_{max})	0,7 - 1,4 m/s
A. femoralis com. (V_{max})	0,9 - 1,2 m/s
A. femoralis superfic. (V_{max})	0,8 - 1,0 m/s

Parameter	Normwerte
A. poplitea (V_{max})	0,5 - 0,8 m/s
Truncus coeliacus	
V_{max} systolisch	1,0 - 2,3 m/s
V_{max} enddiastolisch	0,3 - 0,6 m/s
A. mesenterica superior	
V_{max} systolisch	1,0 - 1,8 m/s (postprandial bis 2,6 m/s)
V_{max} enddiastolisch	bis 0,5 m/s
A. renalis	
V_{max} systolisch	0,8 - 1,5 m/s
V_{max} enddiastolisch	0,2 - 0,5 m/s
Extrakranielle Arterien	
A. carotis com.	
V_{max} systolisch	0,66 - 0,74 m/s
V_{max} enddiastolisch	0,17 - 0,21 m/s
A. carotis int.	
V_{max} systolisch	0,75 - 0,85 m/s
V_{max} enddiastolisch	0,2 - 0,4 m/s
A. carotis ext.	
V_{max} systolisch	0,75 - 0,85 m/s
V_{max} enddiastolisch	0,15 - 025 m/s
A. vertebralis	
V_{max} systolisch	0,28 - 0,62 m/s
V_{max} enddiastolisch	0,06 - 0,3 m/s
Intrakranielle Arterien	
A. cerebri media	
V_{max} systolisch	0,63 - 1,08 m/s
V_{mean}	0,34 - 0,56 m/s

Parameter	Normwerte
A. cerebri ant.	
V_{max} systolisch	0,51 - 0,95 m/s
V_{mean}	0,36 - 0,64 m/s
A. cerebri post.	
V_{max} systolisch	0,40 - 0,60 m/s
V_{mean}	0,27 - 0,47 m/s
A. basilaris	
V_{max} systolisch	0,38 - 0,76m/s
V_{mean}	0,22 - 0,48 m/s

11.2.9. Sonografische Normalwerte

Parameter	Normwerte
Leber	
Länge	120 - 140 mm
Winkel linker Leberrand	< 30°
Winkel rechter Leberrand	< 45°
Gallenblase	
Länge	< 100 mm
Volumen	< 100 ml
Wanddicke	< 3 mm
Gallenwege	
Extrahepatisch	
(ductus hepatocholedochus)	
max. Weite	< 7 mm
nach Cholezystektomie	< 10 mm
Vena portae	
Weite	< 13 mm

Parameter	Normwerte
Venae hepaticae	
Weite	< 10 mm
Aorta abdominalis	
Weite	< 25 mm
Pankreas	
Caput ant.-post	20 - 34 mm
kranio-kaudal	24 - 48 mm
Corpus ant.-post.	15 - 29 mm
kranio-kaudal	24 - 36 mm
Kauda ant.-post.	20 - 28 mm
kranio-kaudal	16 - 24 mm
Milz	
Länge	< 110 mm
Breite	< 70 mm
Tiefe	< 40 mm
Nieren	
Länge	95 - 115 mm
Breite	50 - 60 mm
Tiefe	30 - 50 mm
Nierenparenchym	
Breite	< **60J**: 15 - 25 mm > **60J**: 11 - 18 mm
Verhältnis Parenchym/Pyelon	< **60J**: 2:1 > **60J**: 1,1:1
Harnblase	
Volumen (Länge x Breite x Tiefe x 0,5)	**M**: 350 - 750 ml **F**: 250 - 550 ml

Parameter	Normwerte
Prostata	
Länge	20 - 30 mm
Breite	30 - 40 mm
Tiefe	30 - 40 mm
Volumen	10 - 24 ml
Schilddrüse	
Länge	< 70 mm
Breite	< 30 mm
Tiefe	< 20 mm
Volumen (Länge (cm) x Breite (cm) x Tiefe (cm) x 0,5)	M: < 25 ml F: < 18 ml
Isthmus	< 5 mm

11.3. Hämodynamische Parameter

11.3.1. Herzfrequenz/-volumina/-flüsse

Parameter	Berechnung	Messwert
Herzfrequenz (HF, heart rate, HR)		60 - 100 min^{-1}
maximale HF bei Belastung	209 min^{-1} - (0,73 min^{-1} x Alter)	
50 Watt		95
75 Watt		107
100 Watt		119
125 Watt		131
150 Watt		143
175 Watt		155
200 Watt		167

Parameter	Berechnung	Messwert
Herzfrequenz Kinder		
Neugeborene 1. Woche - 3 Monate 3. Monat - 2. Lebensjahr 2. - 10.. Lebensjahr > 10. Lebensjahr	*in Klammern minimal (z.B. Schlaf) bis maximal (z.B. Fieber)*	100 - 180 (80 - 220) 100 - 220 (80 - 220) 80 - 150 (70 - 200) 70 - 110 (60 - 200) 55 - 90 (50 - 200)
Herzminuten/-zeitvolumen (HMV, HZV, cardiac output, CO)	CO = SV x HR $CO = VO_2 / avDO_2$	5 - 6 l/min
Herzindex (cardiac index, CI)	CI = SI x HR CI = CO/KOF	2,5 - 3,6 $l/min/m^2$
Schlagvolumen (stroke volume, SV)		60 - 70 ml
Schlagindex (stroke index, SI)	SI = SV/KOF	30 - 55 ml/m^2
Mittlere Durchflusszeit (mean transit time, MTT)		13,6 - 16,4 s
Auswurffraktion (ejection fraction, EF)	EF = SV / EDV	0,6 - 0,65
Enddiastolisches Volumen (EDV)	EDV/KOF	60 - 90 ml/m^2
Endsystolisches Volumen (ESV)	ESV/KOF	17 - 33 ml/m^2
Blutvolumen (BV)	BV/KOF	Männer: 2,74 l/m^2 Frauen: 2,37 l/m^2
Blutfluss, cerebral **Blutfluss, myokardial**		50 - 60 ml/min/100g Gewebe 60 ml/min/100g Gewebe

Parameter	Berechnung	Messwert
Blutfluss-Blutvolumen-Verhältnis (blood flow/volume ratio, BFVR)	BFVR = CI / BV	M: 1,1 F: 1,2
Erythrozytenflussrate (red cell flow rate, RCFR)	RCFR = CI x Hämatokrit	1,2 l / min / m^2 KOF

11.3.2. Druckwerte

Parameter	Normwerte
Systemischer arterieller Druck (oder aortal); (arterial pressure, AP)	
systolisch (AP_{syst})	90 - 140 mmHg
diastolisch (AP_{diast})	70 - 90 mmHg
mittlerer (MAP)	70 - 110 mmHg
Ngb/Kinder/Jugendl. (Höchstwerte):	
7 Tage	< 96 mmHg syst
8 - 30 Tage	< 104 mmHg syst
< 2 Jahre	< 112/74 mmHg
2 - 5 Jahre	< 120/70 mmHg
6 - 9 Jahre	< 130/75 mmHg
10 - 13 Jahre	< 135/80 mmHg
14 - 17 Jahre	< 140/85 mmHg
Pulmonalarterieller Druck (pulmonary arterial pressure, PAP)	
systolisch (PAP_{syst})	16 - 30 mmHg
diastolisch (PAP_{diast})	4 - 13 mmHg
mittlerer (PAMP)	9 - 18 mmHg
Pulmonalkapillärer Verschlussdruck (pulmonary capillary wedge pressure, PCWP)	5 - 12 mmHg

Parameter	Normwerte
Rechtsatrialer Druck (RAP)	
mittlerer	1 - 5 mmHg
a-Welle	3 - 6 mmHg
v-Welle	1 - 4 mmHg
Rechtsventrikulärer Druck (RVP)	
systolisch(RVP_{syst})	20 - 30 mmHg
enddiastolisch (RVEDP)	2 - 7 mmHg
Linksatrialer Druck (LAP)	
mittlerer	6 - 11 mmHg
a-Welle	4 - 14 mmHg
v-Welle	6 - 16 mmHg
Linksventrikulärer Druck (LVP)	
systolisch (LVP_{syst})	90 - 140 mmHg
enddiastolisch (LVEDP)	6 - 12 mmHg
Zentralvenöser Druck (central venous pressure, CVP oder ZVD)	2 - 8 mmHg
Pfortaderdruck (V. portae)	7 - 10 mmHg
Hirndruck (intracranial pressure, ICP)	< 200 mmHg
Onkotischer Druck	
Plasma	23 - 27 mmHg
venös	24 - 28 mmHg
interstitiell	15 - 20 mmHg
Hydrostatischer Druck	
kapillär arteriell	25 - 35 mmHg
kapillär venös	10 - 15 mmHg
zellulär	0 - 2 mmHg

11.3.3. Blutdruckkriterien für Erwachsene (WHO/ISH 1999)

Diastolisch	Optimal	< 80 mmHg
	Normal	< 85 mmHg
	Hochnormal	85 - 89 mmHg
	Milde Hypertonie (Grad 1) Subgruppe: grenzwertige Hypertonie	90 - 99 mmHg 90 - 94 mmHg
	Mäßige Hypertonie (Grad 2)	100 - 109 mmHg
	Schwere Hypertonie (Grad 3)	≧ 110 mmHg
Systolisch	Optimal	< 120 mmHg
	Normal	130 mmHg
	Hochnormal	130 - 139 mmHg
	Milde Hypertonie (Grad 1) Subgruppe: grenzwertige Hypertonie	140 - 159 mmHg 140 - 149 mmHg
	Mäßige Hypertonie (Grad 2)	160 - 179 mmHg
	Schwere Hypertonie (Grad 3)	≧ 180 mmHg

11.3.4. Herzarbeit, Herzkontraktilität, Herzwiderstände

Parameter	Berechnung	Messwert
Linksherzarbeit (left cardiac work index, LCWI)	LCWI = CI x MAP x 0,0136	3,4 - 4,2 kg m/m^2
Linksventrikulärer Schlagarbeitsindex (left ventricular stroke volume index, LVSWI)	LVSWI = SI x (MAP - PCWP) x 0,0136	50 - 60 g m/m^2
Rechtsherzarbeit (right cardiac work index, RCWI)	RCWI = CI x PAMP x 0,0136	0,54 - 0,66 kg m/m^2
Rechtsventrikulärer Schlagarbeitsindex (right ventricular stroke volume index, RVSWI)	RVSWI = SI x (PAMP - CVP) x 0,0136	7 - 12 g m/m^2
System. Gefäßwiderstand (systemic vascular resistance , SVR)	SVR = ((MAP - CVP) / CO) x 80	900 - 1400 dyn s cm^{-5}
Pulmonaler Gefäßwiderst. (pulmonary vascular resistance, PVR)	PVR = ((PAP - PCWP) / CO) x 80	150 - 250 dyn s cm^{-5}
Maximale linksventr. Druck/Zeit-Verhältnis $\Delta p/\Delta t$ $\Delta p/\Delta t$ /p		1350 - 1950 mmHg/s 25,4 - 49,8 s^{-1}

12. Lungenfunktion

12.1. Lungenvolumina, Atemfrequenz

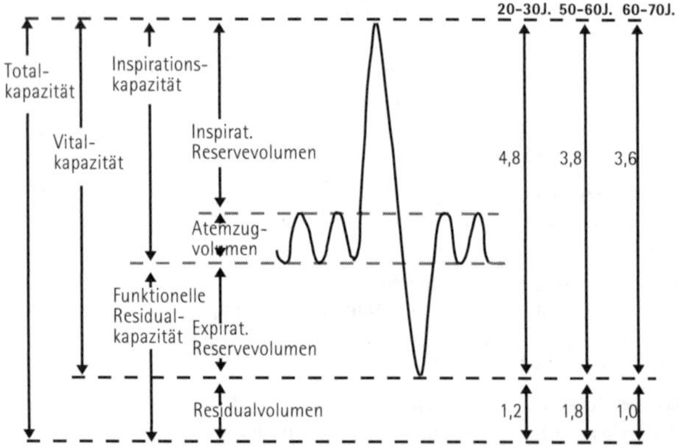

Parameter	Berechnung	Normwerte
Atemfrequenz (AF)	minimal (Schlaf) bis maximal (wach)	**12-20 min^{-1}**
Ngb.		40-60 min^{-1}
6 - 12 Mon.		22-75 min^{-1}
1. - 2. Lbj.		17-40 min^{-1}
2. - 4. Lbj.		16-42 min^{-1}
4. - 6. Lbj.		14-36 min^{-1}
6. - 8. Lbj.		13-30 min^{-1}
8. - 10. Lbj.		14-31 min^{-1}
10. - 12. Lbj.		13-28 min^{-1}
12. - 14. Lbj.		15-26 min^{-1}

Parameter	Berechnung	Normwerte
Atemzug-(Tidal-)Volumen (V_T)		0,5 - 0,7 l
Atemminutenvolumen (V_E)	$V_E = V_T \times AF$	5 - 6 l/min
Expiratorisches Reservevolumen (ERV)		1 - 2 l
Inspiratorisches Reservevolumen (IRV)		2,5 l
Inspiratorische Kapazität (IC)	$IC = V_T + IRV$	2 - 4 l
Residualvolumen (RV)	RV = FRC - ERV M: 1,31 x L + 0,022 x A - 1,23 (± 0,67) F: 1,81 x L + 0,016 x A - 2 (± 0,58)	1,2 - 1,5 l 25% der Totalkap.
Funktionelle Residualkapazität (FRC)	FRC = RV + ERV Mittelwert: **M:** 2,348 x L + 0,009 x A - 1,232 (± 0,60) **F:** 2,245 x L + 0,001 x A - 1,003 (± 0,50)	2 - 4 l
Vitalkapazität (VC) inspiratorisch (IVC)	 M: 6,103 x L - 0,028 x A - 4,654 (± 0,92) F: 4,664 x L - 0,026 x A - 3,28 (± 0,96)	 M: 4 - 5 l F: 3 - 4 l
forciert (FVC)	M: 5,76 x L - 0,026 x A - 4,34 (± 1,0) F: 4,43 x L - 0,026 x A - 2,89 (± 0,71)	

Parameter	Berechnung	Normwerte
Intrathorakales Gasvolumen (IGV)	normal: IGV = FRC **M:** -7,5110 + 0,017 x A + 6,98 x L - 1,734 x BI (± 20%) **F:** -1,4 + 0,0034 x A + 3,456 x L - 1,404 x BI (± 20%) **Kinder < 11J.:** -0,625 + 0,077 x A + 0,007 x KG + 1,054 x L	2 - 4 l
Totale Lungenkapazität (total lung capacity, TLC)	TLC = RV + VC Männer: 7,99 x L - 7,08 (± 1,15) Frauen: 6,6 x L - 5,79 (± 0,99)	 6 - 7 l 5 - 6 l
Totraum (V_D)	V_D = 138 + 0,777 x V_T	150 ml
Totraumquotient (V_D/V_T)	V_D/V_T = 0,246 + 0,17 x A	< 0,35 unter Belastung < 0,2
Alveoläre Ventilation (V_A)	V_A = V_E - V_D x AF	4,2-4,5 l/min
Vent.-Perfusions-Verhältnis	V_A / Q	0,8
Verschlusskapazität (closing capacity, CC) CC/TLC (%)	CC/TLC = 0,53 x A + 14,35	1,9 l 32%
Verschlussvolumen (closing volume, CV) CV/VC (%)	CV = CC - RV CV/VC = K x (0,318 x A + 1,919) K = als Mittelwert 1,0, als Grenzwert 1,092	400 ml 9%

L = Körpergröße in m, A = Alter in Jahren, K = Korrekturfaktor bzgl. Geschlecht und Mittelwert/Grenzwert, BI = Broca-Index

Abb. (Nomogramm): Abhängigkeit der Vitalkapazität von Alter, Geschlecht und Körpergröße

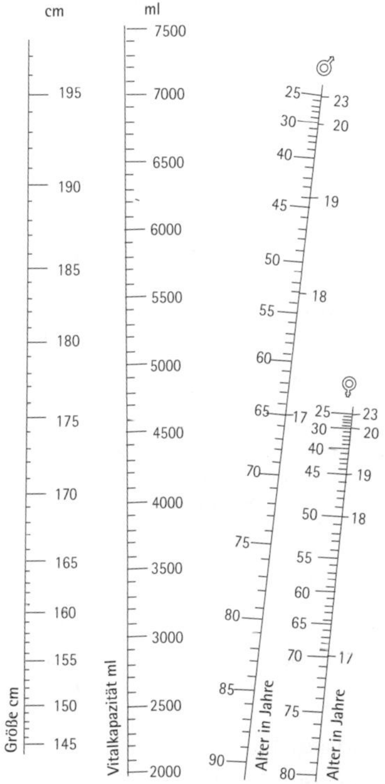

12.2. Atemwegswiderstände/-leitfähigkeit/-compliance

Parameter	Berechnung	Messwert
Statische Compliance (C_{stat}) der Lunge der Thoraxwand gemeinsam		 0,2 l/cmH_2O 0,2 l/cmH_2O 0,1 l/cmH_2O
Dynamische Compliance (C_{dyn})	$C_{dyn} = \Delta V / \Delta P_{tp}$	0,2 - 0,25 l/cmH_2O
Spezifische dynamische Compliance (sC_{dyn})	$sC_{dyn} = C_{dyn}$ / IGV	0,05 - 0,06 l/cmH_2O
Lungenelastizität	$E = \Delta P_{tp} / \Delta V$	4 - 5 cmH_2O/l
Atemarbeit (W)		0,1 - 0,3 mJ/l
Maximaler inspiratorischer Druck (maximal inspiratory pressure, MIP oder Pi_{max})	M: MIP = 143 - (0,55 x A) F: MIP = 104 - (0,51 x A)	M: > 90 cmH_2O F: > 50 cmH_2O
Maximaler expiratorischer Druck (maximal expiratory pressure, MEP)	M: MEP = 268 - (1,03 x A) F: MEP = 170 - (0,53 x A)	M: > 150 cmH_2O F: > 120 cmH_2O
Lungenwiderstand (lung resistance, R_L)		< 3 cmH_2O s l^{-1}
Atemwegswiderstand (airway resistance R_{aw})	$R_{aw} = \Delta P_A / F$	0,5 - 3,0 cmH_2O s l^{-1} < 0,30 kPa s l^{-1}
Spezifischer Atemwegswiderstand (sR_{aw})	$sR_{aw} = R_{aw}$ x IGV	M: 3,3 - 5,7 cmH_2O s F: 2,1 - 4,9 cmH_2O s < 1,2 kPa s
Atemleitfähigkeit (conductance, G_{aw})	$G_{aw} = 1/ R_{aw}$	0,66 l (cmH_2O s)$^{-1}$
Spezifische Atemleitfähigkeit (sG_{aw})	$sG_{aw} = G_{aw}$ / IGV	0,15-0,3 (cmH_2O s)$^{-1}$

Parameter	Berechnung	Messwert
Mundverschlussdruck ($P_{0,1}$)		0,08 - 0,2 kPa
Maximaler Mundverschlussdruck nach 100 ms ($P_{0,1max}$)		40 - 60% von Pi_{max}
$P_{0,1}/P_{0,1max}$		0,01 - 0,05

P_{tp} = transpulmonaler Druck
P_A = Alveolardruck
F = Atemstromstärke (-fluss)

12.3. Dynamische Ventilationsvolumina/-flüsse

Parameter	Berechnung	Normwerte
Forcierte expiratorische Vitalkapazität (FVC)	M: 5,76 x L - 0,026 x A - 4,34 (± 0,61)	> 4 l
	F: 4,43 x L - 0,026 x A - 2,89 (± 0,43)	> 3 l
Inspiratorische Vitalkapazität (IVC)	M: 6,103 x L - 0,028 x A - 4,654 (± 0,92)	> 4 l
	F: 4,664 x L - 0,026 x A - 3,28 (± 0,96)	> 3 l
Forciertes expiratorsiches Volumen (FEV)		
der ersten Sekunde (FEV_1)	Männer: 4,301 x L - 0,029 x A - 2,492 (± 0,84)	M: > 3 l
	Frauen: 3,95 x L - 0,025 x A - 2,6 (± 0,62)	F: > 2 l
relativ (FEV_1/%VC)	Männer: -0,179 x A + 87,21 (± 7,17)	> 60%
	Frauen: -0,192 x A + 89,10 (± 6,61)	> 70%

Parameter	Berechnung	Normwerte
Forciertes expiratorsiches Volumen (FEV) relativ der ersten 3 Sekunden (FEV_3/%VC)		97%
Atemgrenzwert (maximal voluntary ventilation, MVV)	30 x FEV_1 unterer Grenzwert: MVV - 24,6	100 - 170 l
Expiratorischer Spitzenfluss (peak expiratoty flow, PEF)	M: 6,14 x L - 0,043 x A + 0,15 (± 1,99) F: 5,50 x L - 0,03 x A - 1,11 (± 1,48)	5 - 10 ls^{-1}
Forcierter expiratorischer Fluss (FEF) - Maximaler expiratorischer Fluss (MEF)		
zur Hälfte der FVC; forcierte midexpiratorische Flussrate (FEF_{25-75})	M: 1,94 x L - 0,043 x A + 2,70 (± 1,04) F: 1,25 x L - 0,034 x A + 2,92 (± 0,85)	> 2 ls^{-1} > 1,6 ls^{-1}
zwischen 200 - 1200 ml der FVC (FEF 200 - 1200 ml)		> 3,5 ls^{-1} > 3,0 ls^{-1}
bei 25% der VC (MEF25)	M: 2,61 x L - 0,026 x A - 1,34 (± 0,78) F: 1,05 x L - 0,025 x A + 1,11 (± 0,69)	
bei 50% der VC (MEF50)	M: 3,79 x L - 0,031 x A - 0,35 (± 1,32) F: 2,45 x L - 0,025 x A + 1,16 (± 1,10)	> 2,5 ls^{-1} > 2,0 ls^{-1}
bei 75% der VC (MEF75)	M: 5,46 x L - 0,029 x A - 0,47 (± 1,71) F: 3,22 x L - 0,025 x A + 1,60 (± 1,35)	> 1,5 ls^{-1} > 1,0 ls^{-1}
Forcierter midinspiratorischer Fluss (FIF25-75)		5 ls^{-1}

L = Körpergröße in m
A = Alter in Jahren

12.4. Criteria for bronchodilator response

	FVC (after)/ FVC (before)	FEV_1 (after)/ FEV_1 (before)	FEF_{25-75} (after)/ FEF_{25-75} (before)
Not responsive	< 1,05	< 1,05	< 1,10
Not clearly responsive	1,05 - 1,14	1,05 - 1,11	1,10 - 1,44
Responsive	1,15 - 1,24	1,12 - 1,24	1,45 - 1,99
Markedly responsive	≧ 1,25	≧ 1,25	≧ 2,0

12.5. Kriterien für eine pathologische Provokationsreaktion

Provokation z.B. durch unter Methacholin, Carbachol, Histamin, Acetylcholin

FEV_1: Abnahme um mehr als 20%

R_{aw}: Anstieg um mehr als 100% und bei normalem Ausgangswert Anstieg auf > 5 cmH_2O s l^{-1}

sR_{aw}: Anstieg um mehr als 100%

sG_{aw}: Abfall um mehr als 40% und auf Werte unter 0,05 $(cmH_2O\ s)^{-1}$

12.6. Gastransport

Parameter	Berechnung	Messwert
Sauerstoffgehalt, arteriell (C_aO_2)	$C_aO_2 = Hb \times S_aO_2 \times 1{,}36 + p_aO_2 \times 0{,}003$	19 - 21 ml/dl
Sauerstoffgehalt, pulmonalkapillär (C_cO_2)	$C_cO_2 = Hb \times S_cO_2 \times 1{,}36 + p_AO_2 \times 0{,}003$	21 ml/dl
Sauerstoffgehalt, gemischtvenös (C_vO_2)	$C_vO_2 = Hb \times S_vO_2 \times 1{,}36 + p_vO_2 \times 0{,}003$	12 - 15 ml/dl
Sauerstoffgehaltsdifferenz, art.-gemischtven. ($avDO_2$)	$avDO_2 = C_aO_2 - C_vO_2$	4 - 5 ml/dl
Sauerstoffpartialdruck, arteriell (p_aO_2)	bei F_IO_2 0,21 bei F_IO_2 1,0	71 - 104 mmHg 640 mmHg
Sauerstoffpartialdruck, alveolär (p_AO_2)	$p_AO_2 = (p_B - pH_2O) \times F_IO_2 - p_aCO_2 / RQ$	105 mmHg
Sauerstoffpartialdruck, gemischtvenös (p_vO_2)		36 - 44 mmHg
Sauerstoffdruckdifferenz, alveolo-arteriell ($AaDO_2$)	$AaDO_2 = p_AO_2 - p_aO_2$ bei F_IO_2 0,21 $AaDO_2 = p_AO_2 - p_aO_2$ bei F_IO_2 1,0	< 10 - 12 mmHg < 65 mmHg
Kohlendioxidgehalt (C_aCO_2)		49 - 54 ml/dl
Kohlendioxidpartialdruck, arteriell (p_aCO_2)		35 - 46 mmHg
Kohlendioxidpartialdruck, alveolär (p_ACO_2)		40 mmHg
Kohlendioxidpartialdruck, gemischtvenös (p_vCO_2)		37 - 50 mmHg

Parameter	Berechnung	Messwert
Kohlendioxidproduktion (VCO_2)		200 ml/min
Sauerstoffverbrauch (VO_2)	$VO_2 = avDO_2 \times CO$	
	$VO_2 = (F_IO_2 - F_EO_2) \times V_E$	250 ml/min
	VO_2 / Körperoberfläche (KOF)	120-160 ml/min/m^2
basal, pro 100g Gewebe:		
renaler O_2-Verbrauch		9 - 10 ml/min
cerebraler O_2-Verbrauch		3 - 5 ml/min
myokard. O_2-Verbrauch		8 - 10 ml/min
bei Kammerflimmern		4 - 5 ml/min
Sauerstoffverbrauch, maximal (VO_{2max}) bezogen auf kg KG	$VO_{2max} = 382 + 10,4 \times W$ (± 142)	1500 - 2700 ml/min > 20 ml/min/kg
Sauerstoffangebot (QO_2)	$QO_2 = C_aO_2 \times HZV$ QO_2 / KOF	1000 ml/min 550- 650 ml/min/m^2
Sauerstoffkapazität ($C_{Hb \cdot O2sätt}$)	$C_{Hb,O2sätt} = Hb \times 1,36$	21 - 23 ml/dl
Resp. Quotient (RQ)	$RQ = VCO_2 / VO_2$	0,8
Kalorisches Äquivalent (Kal.Äqu.)		
mittl. Kal.Äqu.		4,85 kcal/ l O_2
Kohlenhydrate	RQ = 1,00	5,05 kcal/ l O_2
Fett	RQ = 0,707	4,69 kcal/ l O_2
Eiweiß	RQ = 0,801	4,49 kcal/ l O_2
Sauerstoffextraktionsrate (O_2-"x"-ratio)	O_2-"x"-ratio = VO_2 / QO_2	20 - 30%
Sauerstoffsättigung, arteriell (S_aO_2)		> 95%

Parameter	Berechnung	Messwert
Sauerstoffsättigung, gemischtvenös (S_vO_2)		70 - 80%
Sauerstoffkonzentration, inspiratorisch (F_IO_2) Raumluft reiner Sauerstoff		 21% 100%
Sauerstoffkonzentration, exspiratorisch (F_EO_2) Raumluft		 17 %
Kohlendioxidkonzentr., endexpiratorisch (F_ECO_2)		3,7 Vol%
Pulmonaler Rechts-Links-Shunt (Q_S/Q_T)	$Q_S/Q_T = (C_cO_2 - C_aO_2) / (C_cO_2 - C_vO_2)$	3 - 8%
Diffusionskapazität, Transferfaktor, single breath (T_{LCOsb})	Männer: 11,1 x L - 0,066 x A - 6,03 (± 2,32) Frauen: 8,18 x L - 0,0049 x A - 2,74 (± 1,92)	> 75% vom Soll > 5 mmol/min/kPa

pB = Barometerdruck
pH2O = Wasserdampfdruck
L = Körpergröße in Meter
A = Alter in Jahren
W = Leistung in Watt

Altersabhängigkeit zwischen art. Sauerstoffpartialdruck und Lebensalter:
pO_2 (mmHg) = 102 - 0,33 x Lebensjahre (± 10mmHg)
pO_2 (kPa) = 13,6 - 0,044 x Lebensjahre (± 1,33 kPa)

13. Ernährung

13.1. Energiebedarf

13.1.1. Basaler Energiebedarf (basal metabolic rate, BMR nach Harris und Benedict)

Männer	66 + (13,7 x G) + (5 x L) - (6,8 x A) kcal / d
Frauen	655 + (9,5 x G) + (1,8 x L) - (4,7 x A) kcal /d

G = Körpergewicht in kg
L = Körpergröße in m
A = Alter in Jahren

13.1.2. Zusätzlicher Energiebedarf bei körperlicher Aktivität

Sitzende Tätigkeit	400 - 800 kcal/d	(1670 - 3350 kJ/d)
Leichte körperl. Tätigk.	800 - 1200 kcal/d	(3350 - 5000 kJ/d)
Mäßige körperl. Tätigk.	1200 - 1800 kcal/d	(5000 - 7500 kJ/d)
Schwere körperl. Tätigk.	1800 - 4500 kcal/d	(7500 - 19000 kJ/d)

Energieverbrauch / Tag (kcal) = Sauerstoffverbrauch x mittl. kalorisches Äquivalent
= ($avDO_2$ x CO) x 4,85

13.1.3. Nahrungsanteil

Kohlenhydrate	50 - 70 % des Kalorienbedarfs	ca. 3 - 4 g/kg KG	1 g = 4,1 kcal (17,2 kJ)
Fett	30 - 50 % des Kalorienbedarfs	ca. 1 g/kg KG	1 g = 9,3 kcal (38,9 kJ)
Aminosäuren		ca. 0,8 - 1,25 g/kg KG	1 g = 4,1 kcal (17,2 kJ)
Ethanol			1 g = 7 kcal (29 kJ)
Organische Säuren			1 g = 3 kcal (13kJ)
Mehrwertige Alkohole (z.B. Sorbit, Xylit)			1 g = 2,4 kcal (10 kJ)

Proteinverlust (g/d) = (Harnstoff-N im 24h-Urin (g) + 4) x 6,25

13.2. Nährstoffzusammensetzung verschiedener Nahrungsmittel

(Angaben pro 100g essbarem Anteil)

Nahrungsmittel	kcal/kJ	Fett (g)	Eiweiß (g)	Kohlen-hydrate (g)	Cholesterin (mg)	Purine (mg)
Fleisch/Wurst						
Rindfleisch (Filet)	116/494	4,4	19,2	Sp	70	120
Rindfleisch (Suppenfl.)	153/650	7,8	20,8	Sp	60	120
Rinderleber	114/482	3,1	19,7	1,7	255	-555
Rinderhirn	128/542	9,6	10,4	0,4	2000	160
Kalbfleisch	107/454	2,6	20,9	Sp	70	150
Kalbsleber	114/482	4,1	19,2	4,0	360	-460
Schweinefleisch (Filet)	162/685	8,9	20,4	Sp	70	150
Schweinefl. (Kotelett)	164/693	9,1	20,4	Sp	70	150
Schweineleber	134/567	5,7	20,1	0,5	340	-515.
Kassler	132/559	5,1	21,5	Sp	70	k.A
Hammelfleisch	234/990	18,0	18,0	Sp	70	150
Schweineschinken (gekocht)	203/859	12,8	21,4	Sp	85	118
Schweineschinken (geräuchert)	372/1571	33,3	18,0	Sp	110	70
Leberwurst	420/1776	41,2	12,4	Sp	85	165
Salami	519/2191	49,7	17,8	k.A.	85	k.A
Wild						
Kaninchen	152/642	7,6	20,8	Sp	70	95
Hase	113/481	3,0	21,6	Sp	65	105
Hirsch	112/476	3,3	20,6	Sp	110	110
Reh	122/518	3,6	22,4	Sp	110	105

Nahrungsmittel	kcal/kJ	Fett (g)	Eiweiß (g)	Kohlenhydrate (g)	Cholesterin (mg)	Purine (mg)
Geflügel						
Truthahnbrust	105/448	1,0	24,1	Sp	60	170
Truthahnkeule	114/485	3,6	20,5	Sp	75	170
Huhn	133/563	5,6	20,6	Sp	80	115
Hühnerleber	131/554	4,7	22,1	1,2	555	245
Ente	227/961	17,2	18,1	Sp	70	130
Gans	342/1445	31,0	15,7	Sp	85	200
Fisch						
Schellfisch	73/308	0,1	17,9	Sp	60	140
Kabeljau	74/316	0,4	17,7	Sp	45	110
Scholle	76/321	0,8	17,1	Sp	65	95
Seezunge	83/351	1,4	17,5	Sp	50	130
Heilbutt	101/429	2,3	20,1	k.A.	40	180
Forelle	102/434	2,7	19,5	Sp	55	230
Barsch	105/446	3,6	18,2	Sp	38	240
Makrele	182/770	11,9	18,7	Sp	70	145
Lachs	202/885	13,6	19,9	Sp	35	170
Thunfisch	226/955	15,5	21,5	Sp	k.A.	250
Ölsardine	222/938	13,9	24,1	Sp	140	480
Hering	233/966	17,8	18,2	Sp	90	210
Aal, geräuchert	329/1391	28,6	17,9	Sp	165	80
Meeresfrüchte						
Miesmuschel	51/216	1,3	9,8	Sp	125	110
Auster	51/217	1,2	9,0	1,1	125	90
Hummer	81/343	1,9	15,9	Sp	135	120
Garnele	87/369	1,4	18,6	Sp	140	145

Nahrungsmittel	kcal/kJ	Fett (g)	Eiweiß (g)	Kohlen-hydrate (g)	Cholesterin (mg)	Purine (mg)
Fette						
Halbfettmargarine	368/1554	40,0	1,6	0,4	4	0
Pflanzenmargarine	722/3050	80,0	0,2	0,4	7	0
Butter	754/3184	83,2	0,7	0,6	240	0
Schweineschmalz	898/3790	99,7	0,1	0	85	0
Käse						
Schichtkäse, 20% Fett	110/465	5,0	11,9	3,6	16	0
Frischkäse, 50% Fett	284/1201	23,6	13,8	3,4	75	0
Camembert, 50% Fett	314/1328	25,7	20,5	Sp	70	0
Edamer, 40% Fett	318/1346	23,4	26,1	Sp	70	0
Brie, 50% Fett	345/1458	27,9	22,6	Sp	100	0
Gouda, 45% Fett	365/1543	29,2	25,5	Sp	115	0
Emmentaler, 45% Fett	384/1623	29,7	28,7	Sp	90	0
Milchprodukte						
Magermilch	35/148	0,1	3,5	4,8	2	0
Buttermilch	37/157	0,5	3,5	4,0	3	0
Milch, fettarm	47/199	1,6	3,4	4,6	5	0
Vollmilch	65/274	3,6	3,3	4,6	12	0
Joghurt, fettarm	50/213	1,6	3,6	4,5	5	0
Joghurt, 3,5% Fett	71/300	3,8	3,9	4,4	13	0
Sauerrahm	187/792	18,0	2,8	3,0	60	0
Schlagsahne	308/1302	31,7	2,4	3,3	110	0
Ei						
Hühnerei	154/650	11,2	12,9	0,3	395	2
Eiweiß	48/203	11,1	11,1	0,4	0	0
Eigelb	352/1489	31,9	16,1	0,2	1260	5

Nahrungsmittel	kcal/kJ	Fett (g)	Eiweiß (g)	Kohlen-hydrate (g)	Cholesterin (mg)	Purine (mg)
Getreideprodukte						
Roggenbrot	224/953	1,0	6,2	47,6	0	k.A.
Weizenbrot	232/987	1,2	7,6	47,8	0	15
Knäckebrot	318/1327	1,5	10,0	66,0	0	60
Reis, unpoliert	342/1454	2,2	7,2	73,4	0	0
Cornflakes	353/1498	0,6	7,2	79,6	0	k.A.
Eierteigwaren	354/1504	2,8	12,3	69,9	95	40
Haferflocken	366/1555	7,0	12,5	63,3	0	k.A.
Butterkekse	428/1817	11,0	7,6	74,7	k.A.	k.A.
Gemüse						
Kopfsalat	11/48	0,2	1,3	1,1	0	20
Champignons	15/62	0,3	2,7	0,3	0	20
Blumenkohl	23/98	0,3	2,5	2,6	0	25
Kohlrabi	24/103	0,1	1,9	3,8	0	16
Karotte	25/107	0,2	1,0	4,6	0	25
Broccoli	26/110	0,2	3,3	2,5	0	k.A.
Kartoffel	70/297	0,1	2,0	14,8	0	5
Erdnüsse, geröstet	586/2450	49,4	26,4	8,9	k.A.	100
Süßigkeiten						
Fruchteis	139/589	1,8	1,5	29,1	k.A.	k.A.
Milchschokolade	537/2273	31,5	9,2	54,1	2	k.A.

Sp: Spuren
k.A.: keine Angaben

13.2.1. Austauschtabelle Für Diabetiker

Eine Broteinheit entspricht der Menge von 12g Monosacchariden, Oligo-/Polysacchariden (berechnet als Monosaccharide), sowie Sorbit und Xylit.

Einer BE entspricht:			
Apfel	100g	**Kartoffeln**	60g
Banane	60g	**Kirschen, süß**	80g
Bauernbrot/Schwarzbrot	25g	**Knäckebrot**	16g
Birne	90g	**Kokosfett**	5g
Bohnen, weiß	20g	**Lauch**	200g
Butter	6,3g	**Leberwurst**	30g
Buttermilch	300g	**Magermilch**	250g
Cornflakes	14g	**Margarine**	5,25g
Eigelb	1 Stck.	**Mirabellen**	80g
Erbsen, grün	95g	**Nudeln**	16g
Erdbeere	150g	**Öl**	5g
Erdnüsse	60g	**Orangensaft**	120g
Fleischwurst	40g	**Pfirsich**	120g
Geflügelfleisch	25g	**Quark**	45g
Hackfleisch	35g	**Reis**	15g
Haferflocken	18g	**Rindfleisch**	35g
Hammelfleisch	35g	**Roggenbrot**	25g
Himbeere	150g	**Roggenmehl**	16g
Kalbfleisch	35g	**Rosenkohl**	170g
Karotten	170g	**Sahne**	16,5g

Einer BE entspricht:			
Salami	30g	Walnüsse	85g
Schinken, roh	40g	Weißbrot/Toastbrot	21g
Schweinefleisch	35g	Weizenmehl	17g
Semmel	42g	Wild	35g
Vollkornbrot	25g	Zwieback	16g
Vollmilch	240g	Zwiebeln	120g

„Verbotene" Obstsorten: Ananas, Datteln, Feigen, Trockenobst
Gemüsesorten ohne Anrechnung auf BE: Broccoli, Champignons, Chinakohl, Gurken, Kohl, Kohlrabi, Mangold, Pfifferlinge, Radieschen, Rettich, Salate, Sauerkraut, Spargel, Spinat, Tomaten, Wirsing

13.2.2. Bedarf an essenziellen Fettsäuren, Vitaminen, Spurenelementen

Substrat	enterale Ernährung	parenterale Ernährung
Essentielle Fettsäuren	1 - 2 %/kcal	2 -4 %/kcal
Calcium	0,8 - 1,2 g	0,4 g
Phosphat	0,8 - 1,2	0,8 g
Kalium	2 - 5 g	3 - 4 g
Natrium	1 - 3 g	1 - 2 g
Chlorid	2 - 5 g	2 g
Magnesium	0,3 g	0,3 g
Eisen	10 mg	1 - 2 mg
Zink	15 mg	3 - 12 mg
Kupfer	2 - 3 mg	0,3 - 0,5 mg
Jod	0,15 mg	0,15 mg

Substrat	enterale Ernährung	parenterale Ernährung
Mangan	2 - 5 mg	2 - 5 mg
Chrom	0,05 - 0,2 mg	0,015 mg
Molybdän	0,15 - 0,3 mg	0,01 - 0,5 mg
Selen	0,05 - 0,2 mg	0,05 - 0,1 mg
Ascorbinsäure	60 mg	100 mg
Thiamin	1,4 mg	3 mg
Riboflavin	1 - 6 mg	3,6 mg
Niacin	18 mg	40 mg
Biotin	60 µg	60 µg
Pantothensäure	5 mg	15 mg
Pyridoxin	2 mg	4 mg
Folsäure	400 mg	400 mg
Cobalamin	3 µg	5 µg
Vit A	1000 µg	1300 µg
Vit D	10 µg	5 µg
Vit E	8 - 10 mg	10 - 15 mg
Vit K	70 - 140 µg	200 µg

13.3. Wasserhaushalt

13.3.1. Wasserbedarf

Basaler Bedarf: 30 ml/kg KG
Mittlerer Bedarf: 50 ml/kg KG

13.3.2. Wasserverlust

renal: ca. 1500 ml/d
Perspiratio insensibilis: ca. 900 ml/d
Stuhl: ca. 100 ml/d
Schwitzen: pro C° über 37°C 200 ml/d (bis zu 2 l/d)

13.4. Lösungen

Substrat	Glukose (g/l)	Na^+ mval/l	Cl^- mval/l	K^+ mval/l	Ca^{2+} mval/l	Osmolalität mosm/kg	Kalorien kcal/l
Glukose 5%	50					252	205
Glukose 10%	100					505	410
Glukose 20%	200					1010	820
Glukose 50%	500					2520	2050
NaCl 0,45%		77	77			154	
NaCl 0,9%		154	154			308	
NaCl 3,0%		513	513			1026	
Ringerlösung		147	156	4	4,5	310	
Ringerlaktat-lösung		130	109	4	3	272	

13.5. Elektrolyte

Substrat	Konzentration	Volumen der Ampulle (ml)	mval / Ampulle
Natriumbikarbonat 7,5%	0,9 mval/ml HCO_3^-	50	46,6
Natriumbikarbonat 8,4%	1 mval/ml HCO_3^-	250	250
Natriumchlorid 5,85%	1 mval/ml Na^+ u. Cl^-	20	20
Natriumphosphat 42%	3 mval/ml PO_4^{3-} 4 mval/ml Na^+	15	45 60
Kaliumchlorid 7,5%	1 mval/ml K^+	100	100
Kaliumchlorid 15%	2 mval/ml K^+	30	60
Kaliumphosphat 46%	3 mval/ml PO_4^{3-} 4,4 mval/ml K^+	15	45 66
Calciumchlorid 10%	1,36 mval/ml Ca^{2+}	10	13,6
Calciumglukonat 10%	0,46 mval/ml Ca^{2+}	10	4,6
Magnesiumsulfat 50%	4,6 mval/ml Mg^{2+}	10	40,6
Ammoniumchlorid 27%	5 mval/ml NH_4^+	20	100

14. Wachstum

14.1. Körperoberfläche (KOF)

KOF (m^2) = (Gewicht (kg))^{0,425} x (Körpergröße (cm))^{0,725} / 139,32
Abb. (Nomogramm): Bestimmung der Körperoberfläche aus Größe und Gewicht (jeweilige Größe und Gewicht durch Gerade verbinden)

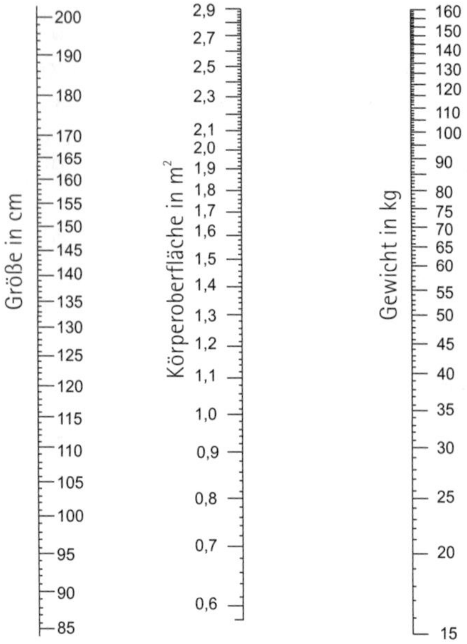

14.2. Gewicht

14.2.1. Sollgewicht (nach Broca)

Männer: Körperlänge (cm) - 100; Frauen: (Körperlänge (cm) - 100) x 0,9

14.2.2. Body Mass Index (BMI)

BMI = Körpergewicht (kg) : Körpergröße^2 (m)

Gewichtsklasse	BMI Männer	BMI Frauen
Adipositas permagna	> 40	> 40
Adipositas	30 - 40	30 - 40
Übergewicht	25 - 30	24 - 30
Normalgewicht	20 - 25	19 - 24
Untergewicht	< 20	< 19

14.2.3. Optimaler BMI

Alter	optimaler BMI
19 - 24	19 - 24
25 - 34	20 - 25
35 - 44	21 - 26
45 - 54	22 - 27
55 - 64	23 - 28
> 65	24 - 29

14.2.4. Idealgewicht

Männer: (Körperlänge (m))^2 x 23
Frauen: (Körperlänge (m))^2 x 21,5

14.2.5. Körpergewicht Jungen bis 24 Monaten (Somatogramm)

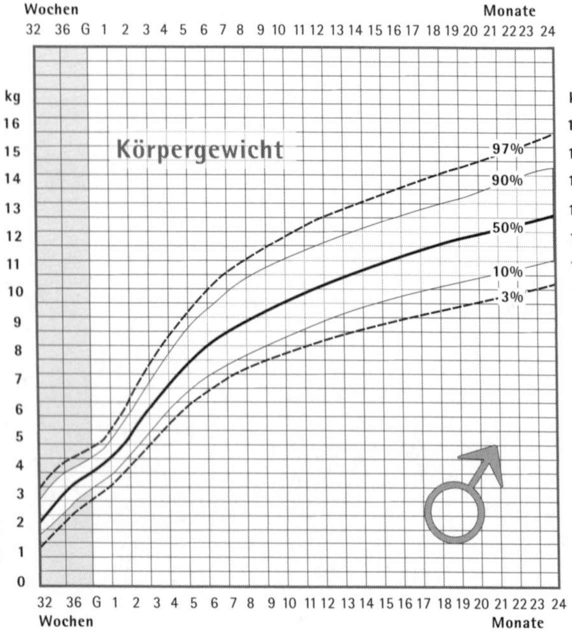

Körpergewicht Jungen bis 24 Monaten

14.2.6. Körpergewicht Mädchen bis 24 Monaten (Somatogramm)

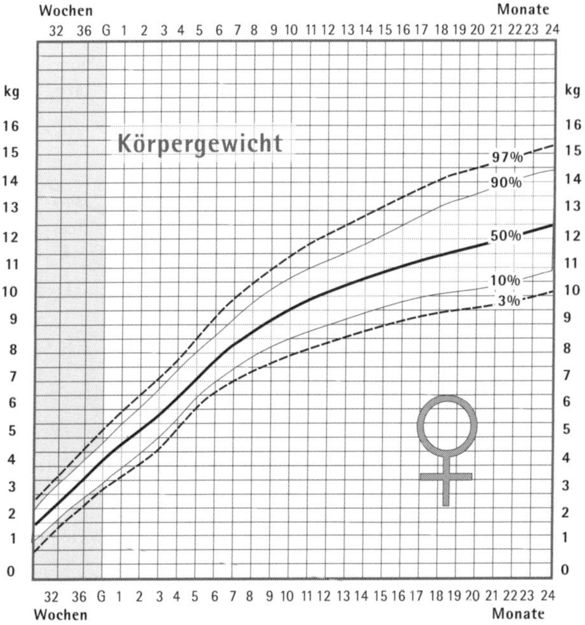

Körpergewicht Mädchen bis 24 Monaten

14.2.7. Körpergewicht Jungen bis 18 Jahren (Somatogramm)

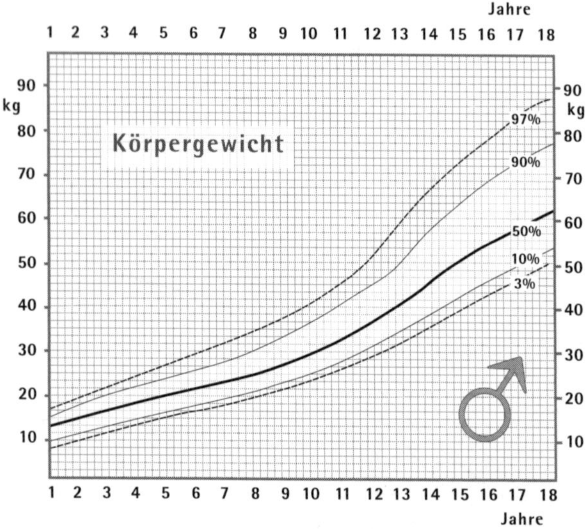

Körpergewicht Jungen bis 18 Jahre

14.2.8. Körpergewicht Mädchen bis 18 Jahren (Somatogramm)

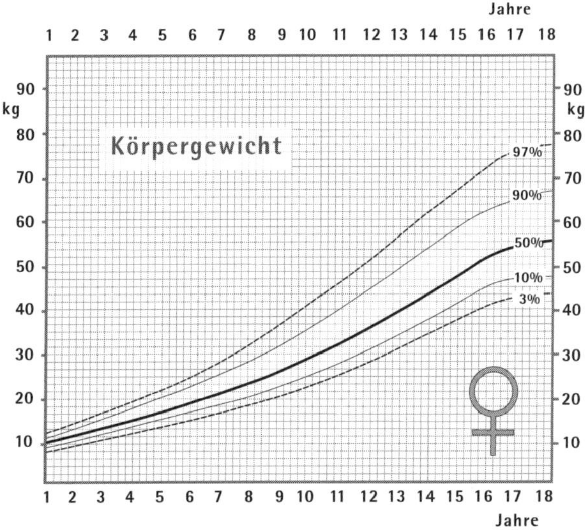

Körpergewicht Mädchen bis 18 Jahre

14.3. Körpergröße

14.3.1. Körpergröße Jungen bis 24 Monaten (Somatogramm)

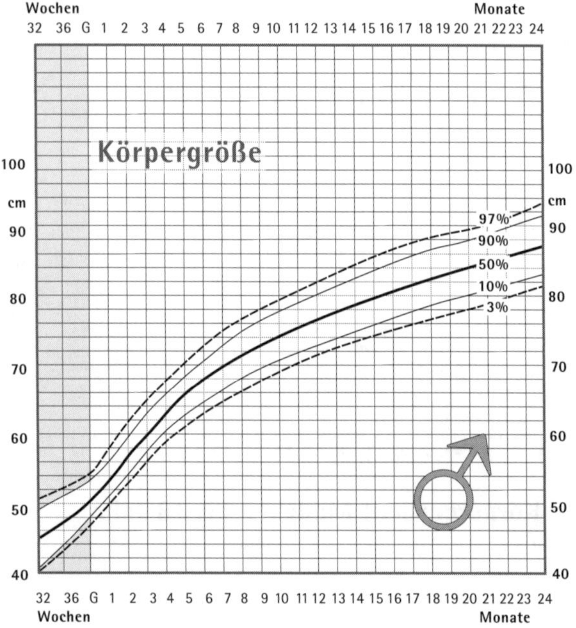

Körpergröße Jungen bis 24 Monaten

14.3.2. Körpergröße Mädchen bis 24 Monaten (Somatogramm)

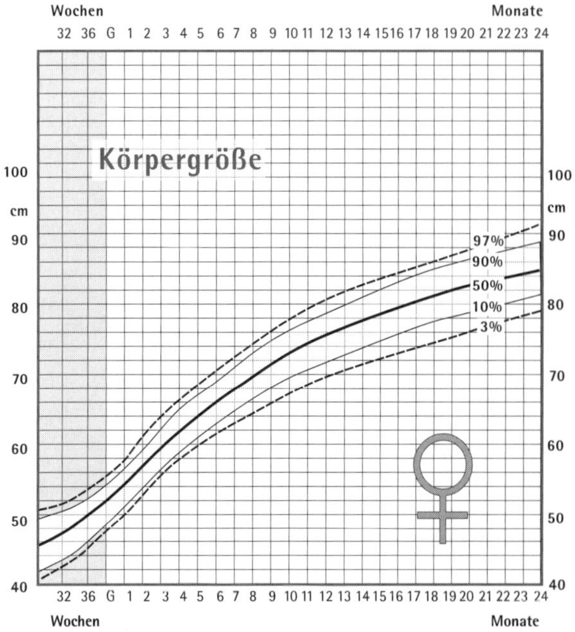

Körpergröße Mädchen bis 24 Monaten

14.3.3. Körpergröße Jungen bis 18 Jahre

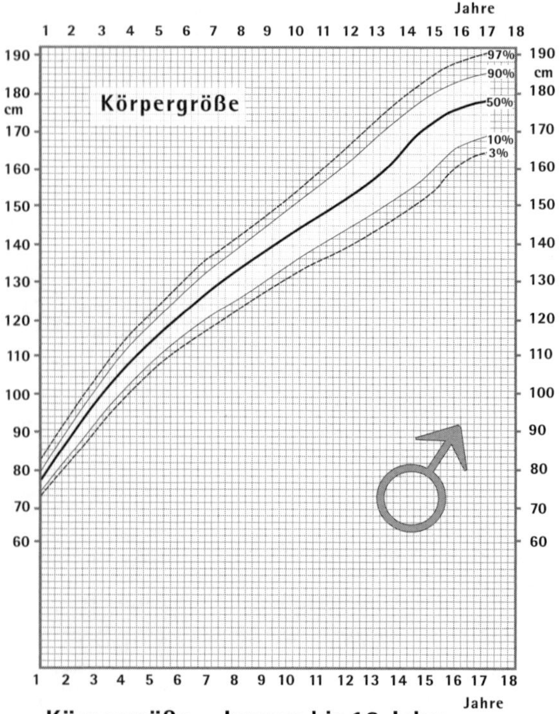

Körpergröße – Jungen bis 18 Jahre

14.3.4. Körpergröße Mädchen bis 18 Jahre

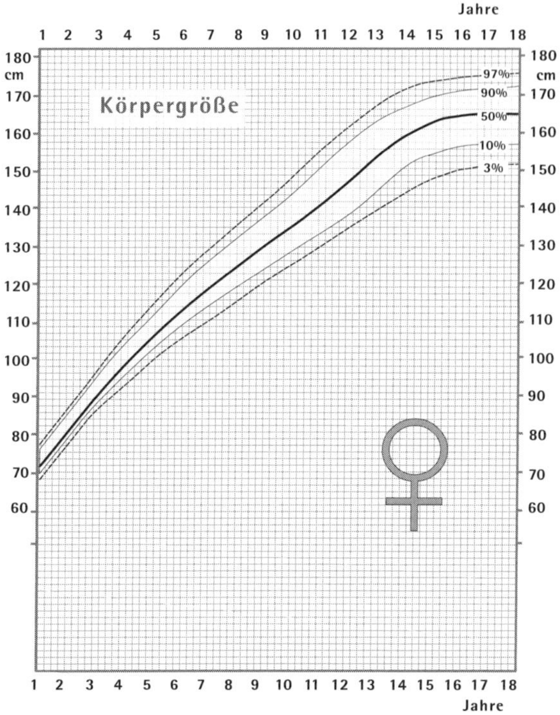

Körpergröße Mädchen bis 18 Jahre

14.4. Kopfumfang

14.4.1. Kopfumfang Jungen Gestationsalter

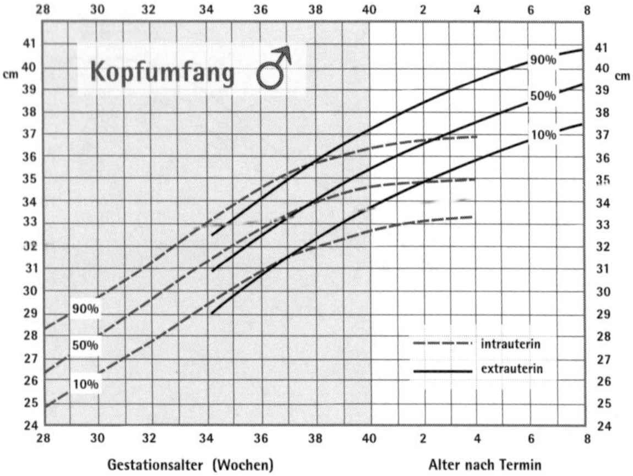

14.4.2. Kopfumfang Mädchen Gestationsalter

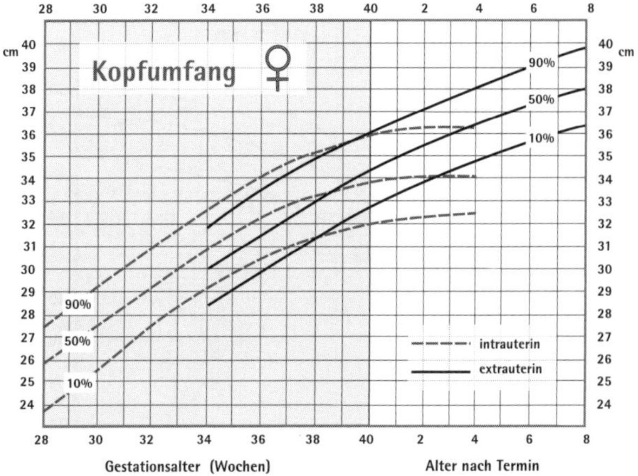

14.4.3. Kopfumfang Jungen bis 18 Monaten

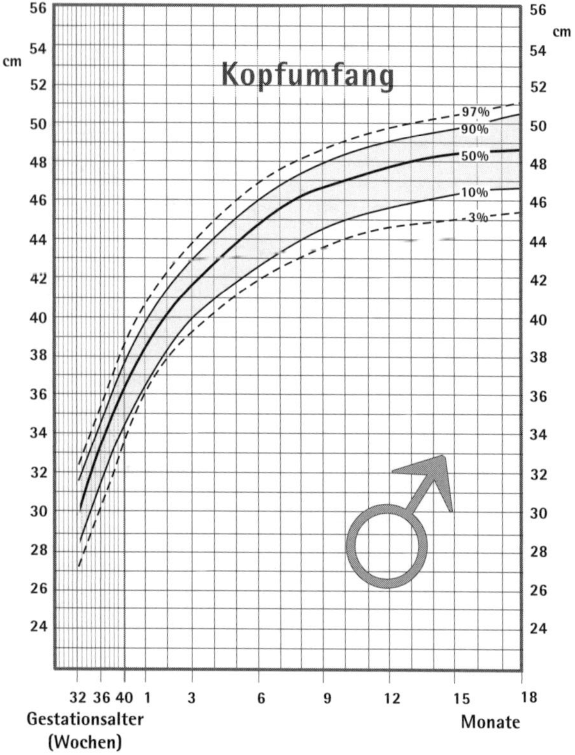

14.4.4. Kopfumfang Mädchen bis 18 Monaten

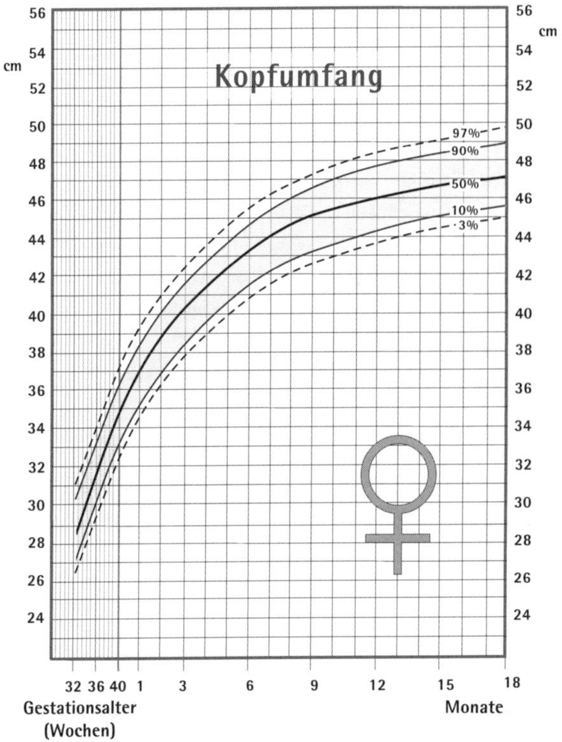

15. Häufige klinische Klassifikationen

15.1. Karnofsky Index

Index zur Beurteilung des Allgemeinzustand

Allgemeinzustand (AZ)	Punkte
Normaler AZ, symptomlos, kein Hinweis auf eine Erkrankung	100
Normale Aktivität möglich, geringfügige Krankheitssymptome	90
Normale Aktivität nur mit Mühe, mäßige Krankheitssymptome	80
Selbstversorgung, Unfähigkeit zur normalen Aktivität oder Arbeit	70
Gelegentliche Hilfe nötig bei weitgehender Selbstversorgung	60
Häufige Unterstützung und medizinische Versorgung nötig	50
Meist bettlägrig, spezielle Hilfe und Pflege	40
Dauernd bettlägrig, evtl. Krankenhauseinweisung, aber keine akute Lebensgefahr	30
Schwerkrank, aktive unterstützende Therapie, evtl. Krankenhauseinweisung	20
Moribund mit raschem Fortschreiten der Erkarnkung	10
Tod	0

15.2. NYHA-Stadien (New York Heart Association)

Klinische Schweregrade der Herzinsuffizienz

Klasse	Klinik
I	Beschwerdefreiheit bei vorhandener Herzinsuffizienz
II	Beschwerden bei stärkerer körperl. Belastung, beg. Leistungsminderung
III	Beschwerden bei leichter körperl. Belastung, dtl. Leistungsminderung
IV	Beschwerden in Ruhe (Ruhedyspnoe)

15.3. Angina-Pectoris-Klassifikation (Canadian Cardiovascular Society, CCS)

Klinische Schweregrade der Angina pectoris (A.p.)

Klasse	Klinik
I	keine A.p. bei normaler körperlicher Belastung, geringe A.p. bei schwerer Belastung
II	A.p. bei normaler körperlicher Belastung (z.B. rasches Bergaufgehen, psychische Belastung)
III	A.p. bei geringer körperlicher Belastung (z.B. Treppensteigen)
IV	Ruhe-A.p.

15.4. Lown-Klassifikation

Klassifikation der ventrikulären Extrasystolie

Grad	Beschreibung
Grad 0	keine ventrikulären Extrasystolen (VES)
Grad I	VES < 30/h
Grad II	VES > 30/h
Grad IIIa	polytope VES
Grad IIIb	ventrikulärer Bigeminus (VES und normaler Komplex im Wechsel)
Grad IVa	Couplets (2 VES nacheinander)
Grad IVb	Triplets (3 VES nacheinander) und höhergradige Salven
Grad V	früh einfallende VES (R auf T-Phänomen)

15.5. Fontaine-Ratschow-Klassifikation

Klinische Einteilung der peripheren arteriellen Verschlusskrankheit

Stadium	Klinik
I	Beschwerdefreiheit bei vorhandenen Gefäßstenosen
II	Claudicatio intermittens
a	bei Gehstrecke > 200m
b	bei Gehstrecke < 200m
III	Ruheschmerz
IV	Nekrose/Gangrän

15.6. Stadieneinteilung der zerebralen Ischämie

Stadium	Bezeichnung	Klinik
I	asymptomatische Stenose	keine neurologischen Ausfälle
IIa	TIA = transiente ischämische Attacke	Rückbildung der neurologischen Symptomatik innerhalb 24h
IIb	PRIND = prolonged ischaemic neurological deficit	neurologische Symptomatik länger als 24h bis ca.1 Woche, vollständige Rückbildung
III	PS = progressive stroke	frischer Schlaganfall mit zunehmender Symptomatik, teilreversibel
IV	CS = complete stroke	Endstadium eines abgelaufenen Schlaganfalls mit chronischem neurologischen Defizit

15.7. Klassifikation Schädel-Hirn-Trauma (SHT)

Stadium	Klinik/CCT-Befund
SHT 1°	Commotio cerebri, kurzdauernde Bewusstseinsstörung, keine morphologischen Veränderungen im CCT
SHT 2°	leichte Contusio cerebri
SHT 3°	schwere Contusio cerebri/Compressio cerebri
SHT = Kopfverletzung mit Bewusstseinsstörung, evtl. Koma, Erbrechen, Zephalgie	

15.8. Glasgow Coma Scale

Einteilung der komatösen Zustände

Reaktion	neurologische Funktion	Punkte
Reaktion der Augen	spontanes Öffnen	4
	Öffnen auf Anrede	3
	Öffnen auf Schmerzreiz	2
	keine Augenreaktion	1
Verbale Reaktion	orientiert	5
	verwirrt, desorientiert	4
	unzusammenhängende Worte	3
	unverständliche Laute	2
	keine verbale Reaktion	1
Motorische Reaktion	befolgt Aufforderungen	6
	gezielte Schmerzabwehr	5
	Massenbewegungen	4
	Beugesynergismen	3
	Strecksynergismen	2
	keine motorische Reaktion	1
Der Coma-Score ergibt sich aus der Addition der Punkte der drei Reaktionskategorien, z.B. 3 Punkte zerebraler Tod, < 8 Punkte schwere Hirnfunktionsstörung, 15 Punkte normale zerebrale Funktion.		

15.9. Klassifikation der Refluxkrankheit nach Savary und Miller

Stadium	Endoskopischer/bioptischer Befund
0	gastroösophagealer Reflux ohne Schleimhautveränderungen
I	isolierte Schleimhauterosionen
a	oberflächliche Erosionen
b	tiefe Erosionen mit fibrinoider Nekrose
II	longitudinal konfluierende Erosionen
III	zirkulär konfluierende Erosionen
IV	Komplikationsstadium (Ulzera, Strikturen, Stenosen, Epithelmetaplasie)
a	mit entzündlichen Veränderungen
b	irreversibles Narbenstadium ohne entzündliche Veränderungen

15.10. Forrest-Klassifikation

Endoskopische Einteilung der gastrointestinalen Blutungsaktivität gastrointestinaler Ulzera

Stadium	endoskopischer Befund
Forrest I	aktive Blutung
a	spritzende arterielle Blutung
b	Sickerblutung
Forrest II	nicht mehr aktive Blutung
a	Läsion mit sichtbarem Gefäßstumpf
b	Läsion mit adhärentem Koagel
c	Hämatin am Ulkusgrund
Forrest III	keine Blutung Läsion ohne Blutungsstigmata

15.11. Child-Pugh-Kriterien

Einteilung der Leberzirrhose

	1 Punkt	2 Punkte	3 Punkte
Albumin	> 3,5 g/dl	2,8 - 3,5 g/dl	< 2,8 g/dl
Aszites	fehlend	gering	ausgeprägt
Bilirubin	< 2,0 mg/dl	2,0 - 3,0 mg/dl	> 3,0 mg/dl
Quick	> 70%	40 - 70%	< 40%
Enzephalopathie	keine Klinik	Verwirrtheit, leichte Schläfrigkeit, Apathie	Präkoma, Koma
Addition der Punkte: Child A: 5 - 6 Punkte Child B: 7 - 9 Punkte Child C: 10 - 15 Punkte			

15.12. FAB-Klassifikation (French-American-British-Group)

Einteilung der akuten Leukämien

Leukämie-Subtypen	Erläuterung
M1	akute Myeloblastenleukämie ohne Differenzierung
M2	akute Myeloblastenleukämie mit Differenzierung
M3	akute Promyelozytenleukämie
M4	akute Myelomonozytenleukämie a) ohne Eosinophilie b) mit Eosinophilie
M5	akute monozytäre Leukämie a) unreifzellig b) reifzellig
M6	akute Erythroleukämie
M7	akute Megakaryoblastenleukämie
L1	ALL vom kindlichen Typ
L2	ALL vom Erwachsenen-Typ
L3	ALL vom Burkitt-Typ

M = akute myeloische Leukämie (AML)
L = akute lymphatische Leukämie (ALL)

15.13. FAB-Klassifikation (French-American-British-Group)

Einteilung des myelodysplastischen Syndroms

Subtyp	Blutmerkmale	Knochenmarksmerkmale
RA	Anämie, Retikulozytopenie, Dyserythropoese, Dysgranulopoese	normo - hyperzelluäres Knochenmark, Hyperplasie der roten Reihe, Dyserythropoese, Blasten < 5%
RARS	wie RA	> 15% Ringsideroblasten, Blasten < 5%
RAEB	wie RA, häufig zusätzlich Neutro- und/oder Thrombopenie, Blasten < 5%	5 - 20% Blasten
RAEB-T	wie RAEB und Blasten > 5%	20 - 30% Blasten, evtl Auer-Stäbchen
CMML	wie RAEB, zusätzlich Monozytose > 1000/mm^3	Vermehrung monozytärer Vorstufen

RA = refraktäre Anämie
RARS = refraktäre Anämie mit Ringsideroblasten
RAEB = refraktäre Anämie mit Exzess von Blasten
RAEB-T = refraktäre Anämie mit Blastenexzess in Transformation
CMML = chronische myelomonozytäre Anämie

16. Abkürzungsverzeichnis

A.	Arterie
Aa.	Arterien
Abb.	Abbildung
aB	arterielles Blut
alk.	alkalisch
anorg.	anorganisch
art.	arteriell
Aufl.	Auflage
BA	Blutaustrich
bakt.	bakteriell
bind.	bindend
bzgl.	bezüglich
bzw.	beziehungsweise
cB	Kapillarblut
Clear.	Clearance
Compl.	Compliance
d	Tag
d.h.	das heißt
diast.	diastolisch
Erw.	Erwachsene
F	Frauen
Fakt.	Faktor
Frgb.	Frühgeborene
frakt.	fraktioniert
frgl.	fraglich
Geschw.	Geschwindigkeit
ggf.	gegebenenfalls
hämolyt.	hämolytisch
i.m.	intramuskulär
i.v.	intravenös
J.	Jahr
Jugendl.	Jugendliche
kard.	kardial
konv.	konventionell
Konz.	Konzentration
körperl.	körperlich
L	Liquor
Lbj.	Lebensjahr
M	Männer
mark.	markiert
Max.	Maximum
max.	maximal
min.	minimal
mind.	mindestens
mittl.	mittlere
Mo.	Monat

Mrd.	Milliarde
MS	Magensaft
n.	nach
Ngb.	Neugeborene
od.	oder
P	Plasma
path.	pathologisch
polyklon.	polyklonal
Quot.	Quotient
resp.	respiratorisch
S	Serum
s./sec.	Sekunde
Sgl.	Säuglinge
sog.	sogenannt
spezif.	spezifisch
SSW	Schwangerschaftswoche
St	Stuhl
syst.	systemisch
Tg.	Tag
ther.	therapeutisch
tox.	toxisch
U	Urin
u.	und
Umr.-F.	Umrechnungsfaktor
V.	Vene
Vv.	Venen
V.a.	Verdacht auf
v.a.	vor allem
vB	venöses Blut
ven.	venös
ventr	ventrikulär
zB	Zitratblut
z.B.	zum Beispiel
z.T.	zum Teil

Literaturverzeichnis

1. Braun, J., Preuss, R.: Klinikleitfaden Intensivtherapie. Jungjohann Verlagsgesellschaft, Neckarsulm, Stuttgart, 3. Aufl., 1995
2. Deutsch, E., Geyer, G., Wenger, R.: Laboratoriumsdiagnostik. Karger, Basel, 3. überarb. und erweitert. Aufl., 1992
3. Doeffinger, J., Jesch, F.: Intensivmedizinisches Notizbuch. Wissenschaftliche Verlagsabteilung, Abbot GmbH, Wiesbaden, 1991
4. Hammer, A., Hammer, K.: Physikalische Formeln und Tabellen. J. Lindauer (Schaefer), München, 3. Aufl. 1976
5. Harms, V.: Biomathematik, Statistik und Dokumentation. Harms, Kiel, 5. neubearb. Aufl., 1988
6. Heinecker, R.: EKG in Praxis und Klinik. Thieme, Stuttgart, 12. Aufl., 1986
7. Hensel, A., Cartellieri, S., Engel, J.: Memofix Pharmazie, VHC Verlags GmbH, Weinheim, 1995
8. Hofmann, W., e.a.: Normalbereiche klinisch-chemischer Befunde in den Städtischen Krankenhäusern Münchens. 1995
9. Isselbacher, K.J., Braunwald, E., Wilson, J.D., Martin, J.B., Fauci, A.S., Kasper, D.L.: Harrison´s principles of internal medicine. McGraw Hill, New York, 13th edition, 1994
10. Latscha, H.P., Klein, H.A.: Chemie für Mediziner. Springer, Berlin, Heidelberg, New York, 5. Aufl., 1980
11. Löllgen, H.: Kardiopulmonale Funktionsdiagnostik. Ciba-Geigy, Wehr/Baden, 1995
12. Mildner, D.U., Rodt, H.: Labordiagnostik. Gemeinschaftspraxis Dr. Mildner, Prof. Dr. Rodt, Rosenheim, 1990
13. Pietsch, M., Riegel, H., Pietsch, R.: Memorix Laboratoriumsmedizin, Chapman and Hall, Weinheim, 1996
14. Riegel, H., Pietsch, M., Lommel, H., Albath, W.: Vademecum der Laboratoriumsmedizin, Berlin, 6. Aufl., 1994
15. Rodriguez, A.A.: Medi Data - "Normal values". Rodram, Mexico City, 2nd edition, 1991
16. Schmailzl, K.J.G.: Kardiale Ultraschalldiagnostik. Blackwell Wissenschaft, Berlin 1994
17. Seuffer, R.H.: Memo Labordiagnostik. F. Enke, Stuttgart, 1993
18. Siegenthaler, W.: Klinische Pathophysiologie. Thieme, Stuttgart, New York, 7. Aufl., 1994
19. Thomas, L.: Labor und Diagnose. Med. Verlagsges., Marburg, 5. Aufl., 1995
20. Wagner, J.: Praktische Kardiologie. W. de Gruyter, Berlin, 2. Aufl., 1992
21. Walser, M.: Grundlagen der Präanalytik. Becton Dickinson AG, Basel, 2. überarbeitete Aufl. 1995

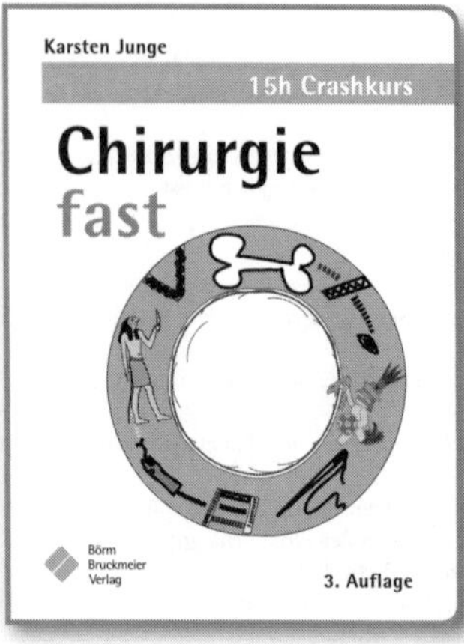
Karsten Junge
15h Crashkurs
Chirurgie
fast
Börm
Bruckmeier
Verlag
3. Auflage

Index

Numerics

A

B

C

D

F

G

I

J

K

L

M

N

T

U

V

Arzneimittel Wirkungen pocket 2004–2005

Das kleine Lexikon der Wirkungen, Nebenwirkungen, Wechselwirkungen und Kontraindikationen

ISBN 3-89862-204-5; € 16,80; 608 Seiten

Unser Arzneimittel Wirkungen pocket enthält:

- alle gängigen Arzneimittel in Deutschland
- **Nebenwirkungen jetzt mit Angaben zu deren Häufigkeiten**
- **brandneu: jetzt mit kompletter Pharmakokinetik**
- optimale Vernetzung durch extrem viele Querverzeichnisse und umfangreichem Index

Die ideale Ergänzung zum Arzneimittel pocket!

Börm Bruckmeier Verlag

www.media4u.com

Notizen

Notizen

bestellung / feedback

Bitte senden Sie mir gegen Rechnung die umseitig markierten Titel:

Name

Anschrift

Tel. e-Mail

Datum Unterschrift

Wir möchten das **Normalwerte pocket** gerne verbessern und freuen uns auf Ihre Anregungen und Kritik.

feedback

Bestellung an:

Börm Bruckmeier Verlag, Nördliche Münchner Str. 28, 82031 Grünwald

oder **Fax: 089 - 69 77 81 28**

Verlagsprogramm Börm Bruckmeier Verlag

pur karteikarten

- ☐ anästhesiologie pur EUR 25,46 (ISBN 3-929785-16-1)
- ☐ arbeitsmedizin pur EUR 13,19 (ISBN 3-929785-15-3)
- ☐ chirurgie pur 1 EUR 29,80 (ISBN 3-89862-303-3)
- ☐ chirurgie pur 2 EUR 29,80 (ISBN 3-89862-304-1)
- ☐ gynäkologie pur EUR 25,46 (ISBN 3-929785-19-6)
- ☐ hno pur, zmk pur EUR 18,80 (ISBN 3-89862-307-6)
- ☐ innere medizin pur 1 EUR 29,80 (ISBN 3-89862-310-6)
- ☐ innere medizin pur 2 EUR 29,80 (ISBN 3-89862-311-4)
- ☐ mikrobiologie/immuno pur EUR 29,80 (ISBN 3-89862-308-4)
- ☐ neurologie pur EUR 29,80 (ISBN 3-929785-23-4)
- ☐ ophthalmologie pur EUR 17,79 (ISBN 3-929785-29-3)
- ☐ orthopädie pur EUR 20,35 (ISBN 3-929785-18-8)
- ☐ pathologie pur EUR 29,80 (ISBN 3-89862-306-8)
- ☐ pharma pur EUR 29,80 (ISBN 3-89862-302-5)
- ☐ psychiatrie pur EUR 19,80 (ISBN 3-89862-305-X)
- ☐ urologie pur EUR 14,80 (ISBN 3-89862-309-2)
- ☐ Helit® Karteikasten A6 quer EUR 5,01 (Nr. 604)

pockets

- ☐ Anamnese & Untersuchung EUR 14,80 (ISBN 3-89862-213-4)
- ☐ Anatomie fast EUR 12,80 (ISBN 3-89862-222-3)
- ☐ Arzneimittel pocket 2004 EUR 14,80 (ISBN 3-89862-231-2)
- ☐ Arzneimittel Wirkungen EUR 16,80 (ISBN 3-89862-204-5)
- ☐ Arzneimittel Therapie pocket EUR 14,80 (ISBN 3-89862-229-0)
- ☐ Biologie fast EUR 12,80 (ISBN 3-89862-232-0)
- ☐ Chirurgie fast EUR 16,80 (ISBN 3-89862-227-4)
- ☐ Chirurgische Notfälle pocket EUR 14,80 (ISBN 3-89862-228-2)
- ☐ Differentialdiagnose pocket EUR 14,80 (ISBN 3-89862-200-2)
- ☐ EKG pocket EUR 14,80 (ISBN 3-89862-221-5)
- ☐ GK 2 Termini pocket EUR 10,12 (ISBN 3-929785-91-9)
- ☐ GK 3 Termini pocket EUR 12,80 (ISBN 3-89862-226-6)
- ☐ Heilpraktiker Kompaktwissen EUR 12,80 (ISBN 3-89862-220-7)
- ☐ Infektionen pocket EUR 14,80 (ISBN 3-89862-216-9)
- ☐ Klinische Chemie pocket EUR 14,80 (ISBN 3-89862-215-0)
- ☐ Normalwerte pocket EUR 12,80 (ISBN 3-89862-230-4)
- ☐ Notaufnahme Innere Medizin EUR 9,80 (ISBN 3-89862-217-7)
- ☐ Psychiatrie fast EUR 10,12 (ISBN 3-929785-93-5)

G&L pockets

- ☐ Bach-Blüten pocket EUR 14,80 (ISBN 3-89862-710-1)
- ☐ Homöopathie pocket EUR 14,80 (ISBN 3-89862-703-9)
- ☐ Homöopathie für Kinder pocket EUR 14,80 (ISBN 3-89862-711-X)
- ☐ Meine Schwangerschaft pocket EUR 14,80 (ISBN 3-89862-704-7)
- ☐ Mondphasen pocket EUR 13,80 (ISBN 3-89862-701-2)
- ☐ Naturheilmittel pocket EUR 12,68 (ISBN 3-929785-59-5)
- ☐ Pillen pocket EUR 18,80 (ISBN 3-89862-700-4)
- ☐ Vornamen pocket EUR 8,80 (ISBN 3-89862-705-5)

www.media4u.com

pur arbeitsskripte

- ☐ gynäkologie pur EUR 20,35 (ISBN 3-929785-45-5)
- ☐ innere medizin pur EUR 26,80 (ISBN 3-89862-500-1)
- ☐ pharma pur EUR 20,35 (ISBN 3-929785-42-0)
- ☐ chirurgie pur EUR 26,80 (ISBN 3-89862-501-X)

pocketcards

- ☐ Alpine Notfall EUR 2,95 (ISBN 3-89862-012-3)
- ☐ Anamnese & Untersuchung EUR 2,97 (ISBN 3-929785-84-
- ☐ Anästhesie-Intensiv Set EUR 4,95 (ISBN 3-929785-042-5)
- ☐ Antibiotika 2004 EUR 2,95 (ISBN 3-89862-041-7)
- ☐ Antimykotika EUR 2,95 (ISBN 3-89862-021-2)
- ☐ Bach-Blüten EUR 2,97 (ISBN 3-89862-004-2)
- ☐ Benzodiazepine EUR 2,97 (ISBN 3-929785-85-4)
- ☐ EKG EUR 2,97 (ISBN 3-929785-72-2)
- ☐ EKG Auswertung EUR 2,97 (ISBN 3-929785-36-6)
- ☐ EKG Lineal EUR 2,95 (ISBN 89862-011-5)
- ☐ EKG Set EUR 5,95 (ISBN 89862-015-8)
- ☐ Elektrolyte EUR 2,97 (ISBN 3-89862-002-6)
- ☐ Erste Hilfe EUR 4,95 (ISBN 3-89862-014-X)
- ☐ ICD 10 EUR 2,97 (ISBN 3-89862-005-0)
- ☐ ICD 10 chirurgie 2.0 EUR 2,97 (ISBN 3-89862-006-9)
- ☐ ICD 10 innere 2.0 EUR 2,97 (ISBN 3-89862-007-7)
- ☐ ICD 10 trauma 2.0 EUR 2,97 (ISBN 3-89862-008-5)
- ☐ Lungenfunktion EUR 2,97 (ISBN 3-929785-75-7)
- ☐ Medizin im Internet EUR 2,95 (ISBN 3-89862-025-5)
- ☐ Nephro antibiotics EUR 2,97 (ISBN 3-929785-39-0)
- ☐ Nephro meds EUR 2,97 (ISBN 3-929785-38-2)
- ☐ Neugeborenes EUR 2,97 (ISBN 3-929785-25-0)
- ☐ Neurologie EUR 5,01 (ISBN 3-929785-88-9)
- ☐ Normalwerte EUR 2,97 (ISBN 3-929785-73-0)
- ☐ Notfall-Meds 1 EUR 2,97 (ISBN 3-929785-79-X)
- ☐ Notfall-Meds 2 EUR 2,97 (ISBN 3-929785-80-3)
- ☐ Pädiatrie Development EUR 2,97 (ISBN 3-929785-82-X)
- ☐ Pädiatrie Notfall EUR 2,97 (ISBN 3-929785-81-1)
- ☐ Periodensystem EUR 2,97 (ISBN 3-929785-28-5)
- ☐ Reanimation EUR 2,97 (ISBN 3-89862-009-3)
- ☐ Reflexzonen EUR 2,97 (ISBN 3-89862-000-X)
- ☐ Physikalische Konstanten EUR 2,95 (ISBN 3-89862-020-
- ☐ Säure-Basen EUR 2,97 (ISBN 3-929785-37-4)
- ☐ Sehproben EUR 2,95 (ISBN 3-89862-013-1)
- ☐ Skelettmuskulatur EUR 5,01 (ISBN 3-89862-010-7)
- ☐ Stroke EUR 5,01 (ISBN 3-89862-001-8)
- ☐ Terminologie EUR 5,01 (ISBN 3-89862-003-4)
- ☐ The English Patient EUR 5,01 (ISBN 3-929785-86-2)
- ☐ TNM EUR 2,95 (ISBN 3-89862-023-9)
- ☐ Vergiftungen EUR 2,95 (ISBN 3-89862-024-7)

Stand Dezemb